O2O 新营销
New Marketing

马湘临 著

上海三联书店

序

李铭俊

中欧国际工商学院院长

回顾人类的技术革新与工业革命发展史,18 世纪瓦特改造蒸汽机,引发蒸汽机与大机械的结合;19 世纪发生电气化革命,促成内燃机与电气相结合;20 世纪出现计算机革命,工业生产开始自动化、智能化的武装。时至今日,美国的工业互联网、德国的工业 4.0 和中国制造 2025 等国家战略以数字化、网络化和智能化制造为主线,不断升级国家工业,拓展应用领域。3D 打印机、机器人、无人机、虚拟现实、区块链等新型技术推动着多领域的跨界融合,正在引发新一轮的商业变革。

每一波新的技术浪潮总会孕育一批新型企业,它们所引领的商业模式也随之更新换代。火车机车的发明和钢铁冶炼技术的提升使铁路网得以迅速发展,铁路企业因此奠定了大企业结构的基础,成为制造业大企业的应用蓝本。

铁路和运河带来运输成本的急剧下降,刺激了大规模商业企业的增长,直接从制造商批货并具备全国零售商市场网络的大批发商得以崛起。汽车的发明和推广铸就了集合大规模劳动力的生产线,出现了以满足广大用户的标准化大生产的量产,以及与之匹配的量销乃至垄断的营销模式。四通八达的洲际公路和穿梭其中的卡车促成了麦当劳、沃尔玛、汽车旅馆等连锁店的萌芽,因此形成了零售连锁的营销模式。二战后的第三次科技革命率先在美国爆发,发展到 20 世纪 70 年代,注重核反应堆、电子计算机、宇宙航行用具、深海采矿机以及各种合成材料等领域的跨国公司出现了跳跃式大发展。20 世纪 90 年代,推动新经济腾飞的重要动力来自于信息技术对各个行业的渗透,它对传统产业进行了大规模的产业结构调整和升级,形成了一大批高新技术产业。互联网和个人电脑的普及使电子商务应运而生,亚马逊、阿里巴巴们的出现改变了传统零售业及其销售模式,沃尔玛等零售连锁也相继开始网上售货。

而移动互联网和移动智能终端的遍地开花促成了共享经济的诞生,生产者和消费者的身份可以互换和混合,出现了各类新型企业如共享交通闲置资源的优步和滴滴、共享空间资源的 Airbnb 和途家、共同创造和分享知识的维基百科和知乎。媒介和渠道、购买和支付纷纷呈现碎片化特征,营销面临数字化、移动化和社群化的趋势。基于地理位置的场景成为一种新的营销渠道,脸书推出了移动版广告,Foursquare 推出了签到服务,它们为商家的社会化营销提供了新的解决方案。移动互联网带来了更加互联互通、更加开放的市场,懂得社交和传播的企业将占得先机,未来的企业将不再以产品凝聚人群,而是"以人群为核心"不断更新换代产品。这种形势对各个国家的制度创新提出了新的要求,给因工业化大生产而诞生的管理学和营销理论提出了各种挑战。阵痛,适应和转型。未来呼吁那些能在约束技术进步的制度领域领先开放的国家,热盼那些能及时探索和应用新经济运行规则的企业。

　　未来企业的潮流将摆脱直线式的金字塔科层模式,大型组织将分解为较小的点对点互连的企业单位,小公司或创业型公司将足以挑战大公司的优势地位。本书洞察到了以移动互联网为核心内容之一的新经济营销的普遍特征,尤其指出移动数据互联极大地缩短和下沉了供应链,它为我国中、小、微企业和农村商业营销提供了机遇。本书不仅对经典营销理论赋予了新时代的含义,还对众包、众筹、数据货币和移动程序化营销等新现象,从市场营销的视角做出了有益的探索,具有重要的参考价值。

目录

第一部分 ❯

O2O 营销趋势

第四部分 ＞

O2O 全渠道营销

第五部分 ＞

O2O 市场推广

第一部分
O2O 营销趋势

一位咖啡迷走去公园等朋友，为了打发无聊的零碎时光，他可以在途中边走边用手机下单购买一杯咖啡；随后，踩着滑板的咖啡配送员就会基于这位咖啡迷的位置，亲自把咖啡送到他的手里。这就是星巴克于 2011 年在全美七大城市推出基于地理定位（LBS）的服务 Mobile Pour。可以说，这是 O2O 最直观的案例之一。

　　我曾在美国遭遇一起小车祸，一辆倒车的 SUV 将我的车从头到尾刮擦破相。适逢项目主任经过，他泊车前来询问，电话叫来警察维持前后交通。我则拨打投保的 GEICO 汽车保险公司，经过一系列的机器菜单，终于与人工客服通上话，客服嘱我弃车，拖车会将它拖走。于夜半，我瞬间变成无车族，幸好项目主任古道热肠，他驾车将我送至住处。次日，开始上班的保险公司来电询问我所在，随即派来一位帅哥驾车接我到租车公司，在前台办理了租车手续及相关保险，然后去车库选车。在旧车理赔期间，我便可以免费驾驶这辆新租的车代步。

　　其实，这个故事可以更完美一些：当 O2O 在保险行业、汽车制造业、租车行业乃至警察系统落地生根，那时候，我的汽车可以自动记录行车数据与影像，当车祸发生时，无需好运非要遇到好心人，我的汽车会自动连线报警，警察部门会利用定位系统把离我最近的警力派往现场，我佩戴的生命手环自动报告受伤状态的数据，以决定是否要联系医院，所有数据自动传送到保险公司进行理赔手续。与此同时，无论车祸发生在白天还是黑夜、闹市还是郊野、假期还是工作日，保险公司都会立即派送一辆无人驾驶车前来接我回家，任何一个像我一样遭遇车祸而无助的人，都不用寄希望于偶遇像超人一般及时降临的项目主任。当然，在保险公司理赔期间，关于车的诊断、维修和报废等流程信息，都可以实时连线至我随身携带的智能终端。

这样的对比告诉我们，O2O 开启了一个新的时代，它实现了实体经济与互联网的对接与交融，它是传统零售与电子商务从对峙到双赢的分水岭，它是物联网与智能化的时代，它是产品变形和企业进化的时代，是我国从制造业大国转型制造服务业大国的契机。因此，传统的营销方式制约了企业的转型发展，经典营销理论必然经受时代演进的考验，移动互联网迎来营销模式的变革。

何谓 O2O？

O2O 是英文 online to offline 的缩写，字面直译为"线

上衔接线下"。这个概念最早于 2011 年 8 月由美国 Trial-Pay(美国一家试用品营销商、广告服务商)创始人兼 CEO Alex Rampell 提出,2011 年 11 月引入我国。Alex Rampell 分析发现 Groupon、Restaurant. com、SpaFinder 和 Opentable 有一个共同点,即它们促进了线上—线下商务的发展,遂将之定义为 O2O。O2O 最早被理解为在网上寻找消费者,并把他们带到实体商店里,它是支付与引流的一种结合。

在中国,人们对 O2O 的解读众说纷纭。最为常见的阐释是,O2O 将线下商务与互联网相结合,让互联网成为线下交易的前台。以下谨对到目前为止关于 O2O 的代表性说法做一个简要梳理。

张波根据线上线下的流动方向,把 O2O 归纳为四种模式①:第一种是 Online to Offline 模式,即"线上交易→线下体验消费",在中国 2011 年兴起的团购属于这类模式的典型代表,当然,也有人依此逻辑称 10 多年前肇始的携程模式为其鼻祖。第二种是 Offline to Online 模式,即"线下营销→线上交易"。最常见的例子是 1 号店在地铁张贴带二维码电子标签的商品海报,乘客用手机扫描了二维码后,在线上购物下单并支付。第三种是 Offline to Online to Offline 模式,即"线下营销→线上交

---

① 张波,《O2O 移动互联网时代的商业革命》,北京:机械工业出版社,2014。

易→线下消费体验"。第四种是 Online to Offline to Online 模式即"线上交易或营销→线下消费体验→线上消费体验"。

刘惜墨从进化的角度,在 i 黑马上分析了 O2O 的三个版本:1.0 版本是 online to offline 与 offline to online,涉及线上线下运行的项目基本上都可称之为 O2O。2.0 版本对 O2O 进行了系统划分。一类是实物类 O2O,例如苏宁、万达,核心是线上线下产品体系打通,做全渠道分销;另一类是服务类 O2O,线上做一个面向用户的平台,给线下实体商业引流。3.0 版本的 O2O 指在未来工业 4.0 大趋势下,物联网充分成熟后实现万物互联,线上线下实现更高层次的融合。

黄博根据 O2O 的功能,将之分为 4 种类型[1]:入口型、平台型、垂直型、本地社交媒体型。

姜奇平参照雷克汉姆和德文森蒂斯在《销售的革命》中对基本销售类型的划分,把 O2O 划分为交易型销售(对应波特的成本领先竞争战略)与顾问型销售(对应波特的差异化竞争战略)[2]。

笔者认为,只要能让互联网与线下产业彼此产生互动,即只要是互联网+实体行业,都属于广义的 O2O。而从营

---

[1]　黄博,《使用者说——什么样的 O2O 产品能成功?》,钛媒体,2014 年 6 月 12 日。

[2]　姜奇平,《O2O 商业模式剖析:交易型与顾问型两种销售》,互联网周刊,2011 年 10 月 9 日。

销的分析视角而言,根据消费者对消费过程的渗透程度,O2O 的模式可大致分为三种:

第一种是推广模式的 O2O,例如做口碑的点评模式,通过平台聚集人气,让消费者口碑传播,提升企业产品或品牌的知名度和美誉度,旨在强化品牌、广告和体验。较进一步的是成为准渠道商,如订餐小秘书帮助餐厅分销座位,但不涉及支付。

第二种是交易模式的 O2O,该模式涉及到了在线支付,国内 O2O 模式中最先发展起来的网络团购具有代表性。倒闭前的千品网曾尝试帮助商家把实体店铺开设为网络店铺,企图实现渠道商的分销功能,营销效果可量化。这种模式的 O2O 使用户的消费全过程有迹可寻,用户的偏好、消费水平、选择路径等数据将有助于商家精准对接新用户,维护老顾客。

第三种是增值模式的 O2O,它能把传统的线下服务搬到线上,实现服务的智能化与精准化。2015 年肇始发放第一笔贷款的深圳前海微众银行不设营业网点和营业柜台,通过人脸识别技术和大数据信用评级发放贷款,线上因此成为信用评估的前台。该模式的 O2O 使消费者有可能参与到产品的再造和服务的增值过程中,把销售货物向提供服务与体验转变,最终将提升内、外部管理和供应链管理,从而提高企业整体的运营效率,消费者还通过体验和分享实际上参与了推广和销售。

我国互联网行业在前二十年里,经过大量烧钱的战国时代,在电子商务、社交网络和搜索引擎等行业已基本形成由百度、阿里、腾讯(BAT)把控的格局。此时,中国已成长为全球最大的网络零售市场,2014 年中国零售百强的销售额总计是 2.1 万亿,而网络购物的交易规模则已达 2.8 万亿。攻城略地后的中国电商巨头开始理性思考商业的本质,随着区域和品类渗透难度的增加,最后一公里的配送成本越来越高,联合线下实体、向线下渗透成为由线上走向线下的必然趋势。巨头们在 O2O 窗口期纷纷出手,布局 O2O。

截至 2015 年底,百度、阿里、腾讯(BAT)携各自的资本、技术和用户优势,先后在出行、本地生活、餐饮、旅游、购物、教育、医疗等 O2O 各个领域布局、完善其生态链条,在 O2O 市场呈现了 BAT 全面垄断的局面。[①] 移动出行方面,除了阿里和腾讯联手投资了滴滴快的,腾讯投资了易车网,阿里还投资了高德和车来了,百度则投资了 Uber、优信二手车、天天用车、51 用车、百度顺风车、百度地图。百度已经覆盖专车、代驾、顺风车等一站式出行服务,与腾讯、阿里形成对峙之势。

在本地生活领域,阿里投资了新口碑,百度投资了糯米、百姓网、e 袋洗,腾讯投资了新美大、58 赶集、e 袋洗。在餐饮方面,阿里投资了口碑外卖、优先点菜、点我吧、雅

---

① 吴俊宇,《来这里看看中国 O2O 最全生态图》,品途商业评论,2015 年 12 月 9 日。

座,百度投资了百度外卖、客如云、美味不用等、Peixe Ur-bano,腾讯投资了饿了么。在该领域,目前百度与腾讯互为角力,阿里相对较弱。

在线旅游领域,阿里投资了去啊、百程、穷游、石基信息,百度投资了去哪儿、携程、百度旅游,腾讯投资了艺龙和同程。携程、去哪儿同在百度麾下令其实力居首,未来会否出现变局,主要看腾讯依托艺龙有何动作,阿里居后。

在购物领域,阿里手握天猫、淘宝,投资了 Snapdeal、苏宁、Zulily、蜜芽,百度投资了波罗蜜、我买网、百度 MALL,腾讯投资了京东、美丽说和买卖宝。阿里入股苏宁、腾讯入股京东意在线上与线下融合。百度主要在电商方面做了生态圈的构建。

在线教育领域,阿里投资有 VIPABC、TutorGroup、淘宝教育,百度投资了作业帮、沪江网、智课网、百度传课,腾讯投资了腾讯精品课、优答、疯狂老师、易题库。百度的辐射面最大,其多年的信息积累,腾讯和阿里弗如,导流收入相当可观。腾讯的思路是注入连接能力,让专业公司来挖掘腾讯社交工具的潜力。

移动医疗领域,阿里投资了阿里健康,百度投资了百度医生、百度药直达、趣医网、健康之路医护网,腾讯投资了丁香园、PICOOC、挂号网、卓健、医联。腾讯整合了丁香园的医生资源和挂号网的患者入口,对接已成熟的微信、QQ 来实现 O2O。

O2O 是传统企业之殇还是之光？

2012 年，在实体经济领域开疆破土的万达董事长王健林与电子商务领域纵横捭阖的阿里巴巴董事会主席马云打了一个赌："10 年后，如果电商在中国零售市场份额占 50%，我给他一个亿，如果没到他还我一个亿"。

约莫一年后，王健林表示，电商和传统零售并不是非此即彼，"任何一个新的模式不可能完全灭掉以前所有的经营模式，我们都会赢。"

这样的双赢便是 O2O。

王健林甚至亲涉电商，在互联网＋商业、互联网＋金融、互联网＋旅游、互联网＋影视/电影四个领域发力。他与精于社交的腾讯、擅长搜索的百度在港注册万达电商，其实质是 O2O，借助其全球最大的线下商业平台：购物中心、酒店、影院、KTV、文化旅游等，使万达电商成为全球最大的 O2O 电商平台，形成线上、线下联动的新生态圈。万达最终会将约 140 个万达广场每年超过 20 亿客流逐渐转变成会员，打造大数据，分析消费趋势，促进线下消费体验，增加消费者黏性，弥补传统商铺在本地化、个性化和数据信息上的不足。

无独有偶，格力的董明珠和小米的雷军有过十亿赌局，赌小米 5 年之内销售额能否超过格力电器。与王健林和马云的赌局一样，这实际上是两种商业模式的较量、两种商业思维的角逐。但是,这场角逐却并不是只有非此即彼的结局,顺大势者将最终看到格力家电会搭上互联网寻求出路,而智能设备专家小米也一定不断加强与传统企业的对接。大势所趋,苏宁与阿里巴巴交叉持股,更是诞生中国零售业史上金额最大的一次联姻。

　　这两年,传统企业之殇是"三高一低",即人力、店租及原材料成本的连年攀升,越来越低的利润,电子商务分流带来的冲击,及其造成顾客消费习惯的改变,进出口制造业还兼受人民币升值的压力。但是,传统企业之光则是O2O的出现,既能分享线上流量,又能提高客户体验;既可增值产品,又能优化运营。可以预言,那些能将传统营销与电子商务彼此融合的企业将获得重生。O2O最根本的阵地将回归传统企业。先进的物流、规模化的门店、强大的供应链等是电商所缺少的资源,O2O将会让传统企业里对产品、渠道和行业经验等行业本质把握深刻的佼佼者获得升级进化的机会,一片蓝海将出现在对实体资源有充分掌控能力的传统企业面前。苏宁线下1600多家门店将为阿里中小商家提供产品展示平台,并向阿里用户开放物流、售后及支付服务,苏宁物流将成为菜鸟网络的物流服务商。荣昌洗衣能靠洗衣服这件小事成功转型为"e袋洗",靠的是在传统洗衣领域积累的行业经验,才能借助O2O成功地实现了产业的升级换代。

　　O2O是个分水岭。

　　传统行业将重新洗牌,互联网企业将再度博弈。马云曾因电商的物流之痛,反手做了菜鸟网络,遂发展天网(线上大数据)和地网(线下仓储)。线下物流业翘楚王卫苦于劳动密集型和资金密集型的行业累赘,反向做了电商,终有顺丰优选。在同一个行业里,两者却殊途同归,这说明线上与线下的融合是趋势,迄今为止,O2O 是能帮助传统企业和互联网企业顺利转型到移动互联网的一种商业模式。电商行业渐失流量红利,与线下实体企业之间出现换股、收购、战略合作等深层次融合,藉此实现双赢。电商京东之所以青睐永辉,缘于永辉超市的生鲜经营在采购规模化和品类精细化、冷链物流供应链(冷链设备改造、冷链运输环节优化及合伙建设冷链物流中心)及全国 300 多家门店销售等环节已形成有机统一。

　　这里所涉及的传统企业领域之广,将随着移动互联网从个体普及蔓延到交通、运输、制造、医疗、农业、教育等各个行业,改变企业的运营管理模式和营销方式。最早被电商冲击的线下实体零售行业曾在 2013 年掀起第一波触网转型浪潮,除了苏宁云商外,步步高、中央商场、天虹商场、王府井、友阿股份、红旗连锁等纷纷以自建或与互联网企业合作的形式发展线上业务。房地产和银行业也已然纷纷试水 O2O。SOHO 3Q 便是房产业 O2O 项目,用望京 SOHO T3 的三层办公空间,通过线上选座和线上支付,将办公桌椅零散地出租给个人和小团队,租期可短至一周。腾讯微众银行和阿里网商银行分别利用腾讯和阿里所拥有 8 亿和 2.3 亿活跃用户,将其转化成银行的客户,这两家银行不设营业网点,在线提供服务,可以网上销售、购买、支付、投资,这样一个"闭环"的"金融生态圈"所产生的"大数据"便是营销的金矿。

传统产业面临要么转型要么消亡的命运。对于产品或服务可以被数据化的传统产业,例如传统书店、胶卷和快消零售等,会出现部分消亡,部分转型。传统书店要么变成文化咖啡馆,要么变成电商或寄生亚马逊或者当当;胶卷业巨头柯达破产,而它的竞争对手富士借助数码成像和医疗光学技术转型。对于须在线下提供产品或服务(多为服务)的传统产业,如理发、餐饮、娱乐等不会消亡。O2O带给该领域企业的机遇大于挑战,线上成为这些企业的营销前台,聚众引流,打造口碑。O2O的主要作用是提升用户体验,提高经营效率。例如,对于涉及电影票业务的影厅业务而言,通过O2O可以将上座率从原来的15%提升到90%。

吴晓波曾说,中国有两次神奇的窗口期。第一次是改革开放后18个月。华为、联想、万科等诸多如今耳熟能详的老牌企业,都是在那18个月里创立的。第二个窗口期是网络泡沫之前的18个月,1998年底到1999年。新浪、搜狐、网易等仍旧活跃的互联网大佬,便是在那期间诞生的。接下来,就是O2O实践派雕爷所说的O2O窗口期,它始于2013年下半年。中国零售体系欠发达逼出了中国电商的崛起,而我国低端服务业的粗糙和高端服务业缺失正是O2O的机会。

　　在 O2O 模式应用领域里,中国发展最早、最为成熟的当属旅游、餐饮和汽车租赁等生活服务类。在未来数年里,中国的服务业将会最蓬勃地兴起。因为 O2O 尤其适合那些面对面"亲自"接受的体验型服务,例如,亲自下馆子、亲自健身、亲自体验剧场演出、亲自理发美容等。移动互联网将对中国传统服务业实现改造和提升,中国有望从制造业大国向制造服务业大国转变。有数据①显示,即使在电子商务最为发达的美国,美国线上消费只占 8％,线下消费的比例依旧高达 92％。而中国的相应比例分别为 3％和 97％。从宏观上看,未来 5 年,中国服务业的 GDP 占比将超过制造业,O2O 在中国有望成就一个万亿元级别的市场。

　　移动互联网的深入发展,以及 2015 年以来中央决策层关于推进互联网＋的政策红利让 O2O 市场前景看好。但是,O2O 模式并非简单的互联网模式。目前,中国的 O2O 市场以跑马圈地和试水试错为主,服务体验和质量标准参差不齐,线上和线上的对接远未完善,地域间的不平衡性等问题已经凸显。而大的趋势是经过初期蛮荒的市场拓展,较为全面、庞大的平台经受住用户需求筛选后生存下来,而其余大多走向精细化的道路,深度进入各个垂直领域。

────────────

　　①　胡挺、何偲,《地产中介的 O2O 革命》,《中国房地产》2014 年第 21 期。

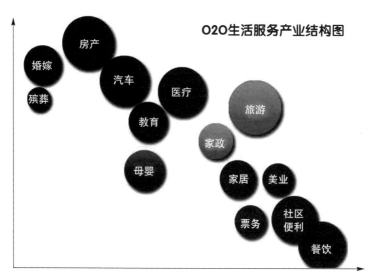

图 1-1　O2O 生活服务产业结构图

说明:首先坐标横向是消费频次,从低到高;纵向是消费金额,
由低到高,圆圈的大小代表行业规模。

资料来源:199IT 互联网数据中心,《2014 年中国互联网
数据大盘点》,2014 年 12 月 15 日。

营销理论的时代演进:4P+D&C 的提出

O2O 的遍地开花对传统营销提出了一系列新的课题,以前奏效的某些方法论突然失灵了,许多迎头而来的新问题尚在摸索答案。在此,有必要简要回顾一下主要营销理论的演变:4P、4C、4R、4I 和 4U。

4P 营销组合理论即产品(Product)、价格(Price)、促销(Promotion)、渠道(Place),是美国密西根大学教授杰罗姆·麦卡锡(E. Jerome McCarthy)于 1960 年提出的。该理论是以企业为中心的,教企业经营者进行营销须从产品的设计、价格的制定、销售路径的选择以及传播与促销的整合加以实施。该理论奠定了时至今日仍旧适用于营销学及其实践的分析框架。但是,4P 理论忽视了把消费者的行为和态度变化作为思考市场营销战略的重点。

到了 20 世纪 90 年代,4P 营销组合理论受到挑战。1990 年,美国学者罗伯特·劳特朋(Robert F. Lauterborn)教授提出了 4C 营销理论,是以消费者为中心的营销思路,即消费者的需求与欲望(Consumer's needs & wants)、消费者愿意支付的成本(Cost)、消费者购买商品的便利性(Convenience)和从促销的单向信息传递到实现与顾客的双向交流与沟通(Communication)。4C 理论成为后来整合营销传播的核心。但是,该理论没能体现赢得与维护客户关系的营销思想。

2001 年,美国营销学者艾略特·艾登伯格(Elliott Ettenberg)提出了 4R 营销理论,关系(Relationship)指与消费者建立长期而稳固的关系;节省(Retrenchment)指让产品或服务容易获得、便于使用,为消费者节省时间和精力;关联(Relevancy)指为消费者提供专家服务、量身定做的服务;回报(Rewards)指企业满足客户需求,为客户提供价值。该理论以关系营销为核心,强调建立顾客忠诚。但是,4R 的关系营销属于粗放型,远未达到"一对一"的精细化程度。

网络时代,传统的营销理论难以适用。奥美给出了网络整合营销的 4I 原则:趣味(Interesting)指营销须是娱乐化、趣味性的,利益(Interests)指营销活动能为目标受众提供利益,互动(Interaction)指营销活动要由消费者体验、参与和创造,个性(Individuality)指个性化营销彰显专属与个性,使一对一营销成为可能。移动互联网一代可能是微博高手、朋友圈达人、知乎大拿,他们习惯用嘀嘀叫车、用支付宝钱包付账、用淘点点团购,熟悉并创造各种网络语言与视频,刺激他们消费的首要驱动力是参与、是体验、是娱乐。

O2O使订单在线上产生,每笔交易皆可追踪,推广透明度高,它为营销者提供了以客户关系管理(CRM)和云计算为核心的新的营销工具。据此,《O2O进化论》提出了4U营销模式①:价值(Value)指通过创新赋予价值,通过体验确认价值,通过分享传递价值;口碑(Word of Mouth)指通过用户体验与信任激发口碑;信任(Trust)指基于信任的分享圈子,使分享成为销售;顾客(Customer)指基于顾客持续体验和分享的大数据,形成刷脸打折系统,打折有层级,新用户认识某个老用户也可以打折。

综上所述,随着时代逐渐从互联网时期发展到移动互联网时期,虽然各种关注消费者和强调沟通的营销理论尝试颠覆杰罗姆·麦卡锡的4P营销理论,但是只是从强调的角度不同来重新定义,无法否定4P要素仍然是市场营销的本质。笔者认为4P营销理论仍然具有生命力,它为市场营销的策划和整合提供了一个基本的分析框架,在此

---

① 　板砖大余、姜亚东,《O2O进化论》,北京:中信出版社,2014。

基础上,根据时代的发展,可以为 4P 赋予新的内涵,发展出新的营销理念。

笔者认为应赋予 4P 移动互联网的核心内容:数据化(Digitalization)与连接性(Connectivity),即 4P+D&C,用它来重新定义和理解产品、价格、渠道与推广(本书将分章详细阐述)。O2O 连接了比特世界和原子世界后,4P 要素的数据化和连接性(以人为核心的数据连接:人与人、人与物、物与物)的程度越深入,进入 O2O 营销的不二法门越快,传统企业转型新经济企业就越顺畅。如此一来,不仅能理解产品和企业正在发生着的各种变形,还为 4P 要素转型指明了方向,它会给消费者带来各种消费方式的变革,企业与消费者及其用品之间的数据连接将可望将交易关系转变为合伙关系。

着眼于懒人经济的 O2O 新营销

以人为核心的数据连接首当其冲需要传统企业改变的经营思路是,把从企业出发经营产品的思路,转变为从消费者出发来经营人的用户思维。雷军讲"专注、极致、口碑、快",周鸿祎提"体验至上、免费策略",都是考虑到新经济时期用户消费习惯的改变而提出的。用户的消费模式经历了从 AIDMA 到 AISAS 再到 SICAS 的演绎后,移动互联网时期迎来了"T 一代(Generation Touch)",他们是彼得·圣吉所说的"智慧型消费者",也是会"偷懒"的消费者,他们追求个性价值和定制服务。

AIDMA模式由美国广告学家 E·S·刘易斯于 1898年最先提出,指 Attention—Interest—Desire—Memory—Action,即消费者注意到(Attention)广告,产生兴趣(Interest),产生购买愿望(Desire),记住广告内容(Memory),最终做出购买行动(Action)。整个过程主要由传统广告、活动、促销等营销手段所驱动,其中广播式广告扮演 AIDMA的核心驱动。品牌企划、大众传媒、大众营销、媒介计划与采购是该模式下的营销关键词,覆盖率、收视率、抵达率等是该模式下营销成效的关键。AIDMA 理论恰当地阐释了实体经济领域的购买行为,但在互联网时代逐渐失效。

2005 年,日本电通集团提出了 AISAS 模式,分析网络时代消费者的行为历程。AISAS 是 Attention—Interest—Search—Action—Share,AISAS 强调消费者在注意商品并产生兴趣之后的信息搜集(Search),以及产生购买行动之后的信息分享(Share),阐释了互联网时代的营销法则,即消费者通过搜索获取口碑,通过分享传播口碑。但是,在AISAS 模式下,虽然有了针对搜索的 SEO、SEM 和点击,但是营销活动的核心驱动依然是广告。企业与用户之间的互动停留于简单的碎片化反馈,不够实时敏捷。可见,AISAS用户行为消费模型是作用于 Web 1.0 阶段的网络数字环境认知,在全数字化大潮下的 Web 2.0 阶段,对于应对社会化网络和移动互联显得力不从心。

于是,中国的互联网数据中心(DCCI)提出了 SICAS

模型,即品牌与用户相互感知(Sense)——产生兴趣并形成互动(Interest ＆ Interactive)——建立联系并交互沟通(Connect ＆ Communicate)——产生购买行为(Action)——体验与分享(Share)。在 Web 2.0 阶段,移动互联带来媒介的泛化和信息的碎片化,消费者的注意力被打散、转移、中断和缩短,感知、接触、交互、决策、购买、体验、分享的行为与路径更为开放和复杂,技术创新让企业与消费者可以更为紧密地有效连接和双向互动。大众传媒广播式的广告系统转变为基于实时感知、多点双向、非线性网状对话连接的交互系统。对话、微众、利基市场、耦合、应需、关系、感知网络是该阶段营销的关键词。SICAS 营销活动的核心驱动是基于连接的对话,并非广播式的广告营销。

消费模式从 AIDMA、AISAS 转变到 SICAS,消费者随时随地与企业、与产品、与其他用户实时相连,企业也可在全网范围内感知用户、响应需求,这种全新的营销生态催生了懒人经济。消费信息的获得不再是一个主动搜索的过程,而是关系匹配、兴趣耦合、应需而来的过程。企业营销是在快速移动的碎片化环境中动态实时感知、发现、跟随、响应一个个消费者,理解他们,与之互动。懒人经济中消费者对便利比价格更敏感,新兴的懒人服务从 PC 端转移到手机上,支付可以在线完成。

国内外涌现出一批抓住"懒人"消费者的 O2O 企业,要么创立新型产品或服务,要么以创新模式提供产品与服务,目的是满足懒人们对便捷性和随意性消费的需求,同时优化购买成本(部分用户愿意出更高价格购买更优服务,如打车加价),提升体验效率。消费者有了洗衣APP,发一个信息,就有人上门取送。而对于运营者而言,不仅O2O可以降低成本、提高效率,还可以通过洗衣、洗鞋、洗包这类高频刚需的服务,连接用户数据,逐渐打入用户背后的整个家庭消费服务。

我国在家政、餐饮、租车、汽车服务、社区服务等领域已出现一批营销懒人经济的企业。美业O2O"河狸家"取消了店面,通过互联网技术聚集美甲达人和女性用户。汽车服务O2O"养车点点"可以让车主发布保养、维修需求,由商家竞标报价。家政O2O既有阿姨来了、95081、荣昌e袋洗等由线下家政公司转型的例子,它们重视线上渠道与营销,也有互联网公司切入的例子,如e家洁、阿姨帮、云家政。社区电商利用社区周边超市的仓储和供应链,自行解决配送,如社区001、京东快点。餐饮领域百花齐放,新型企业如雕爷牛腩、皇太吉、西少爷,利用线上工具迅速扩大知名度。"觅食"、"妈妈的菜"APP可查看周边私房菜,在线下单。外卖O2O有垂直供应商林爸爸的菜、叫个鸭子,有外卖配送平台如美团外卖、饿了么。生鲜配送的案例爱鲜蜂利用社区便利店主完成最后一公里的配送。半成品配送或厨师上门的例子有青年菜君、爱大厨、烧饭饭。租车O2O案例如易到用车,车辆来源主要是私家车加盟;AA用车整合自备车、招聘培训司机、管控车辆;滴滴专车由打车延伸做租车,用户可在客户端选择打车还是预约商务车;一号专车面向中高端群体及企业用户,提供即时用车、预约用车、接送机及包车等服务。

国外致力于懒人经济的 O2O 公司亦如雨后春笋,在外卖 O2O 领域,美国最大的餐饮外卖平台是 GrubHub,而 DoorDash 则服务于旧金山湾区。在家政领域,Handybook 除了房屋清洁,还提供家电维修;Homejoy 致力于房屋清洁整理。洗衣方面有 Washio,上门收取需要清洗的衣物。在打车领域,Uber 掀起了 Uber for X 浪潮;Lyft 将私家车纳入打车服务市场。在同城快递领域,WunWun 为顾客运送商店里购买的物品;UberRush 一小时内送达顾客的小型包裹。在按摩领域,Zeel 网上预订上门服务的按摩师、针灸师等。BarkCare 上门提供宠物治疗服务。Glamsquad 提供上门美发造型、化妆造型服务。

O2O ＋ 物联网的速位营销

移动互联网与移动终端普及使人在每时每刻都连上了网,其必然结果是 O2O,是所谓的互联网 2.0。而如果物与物通过信息传感设备与互联网连接便是物联网,这将是互联网 3.0 革命,O2O 的前方就是实现智能化识别和管理,未来的商业模式和社会形态将随之发生巨大变化:有关我们日常起居、吃穿住行以及工作交往等领域相关的设备及其产生的海量数据将得以连接和记录。IDC、Gartner、Cisco等机构都做过相关预测,到 2020 年市场预计将会容纳高达 800 亿台设备,该数字会远超我们已知的台式计算机、智能手机和笔记本电脑的总和[1]。

速位营销的灵感来自重庆的速位订餐 APP,消费者通过速位 APP 下单和支付后,餐厅后台根据支付信息立刻完成备餐,并将备餐存入带着电子锁的保鲜柜中,保鲜柜则会自动发送取餐号到用户手机上,用户到店后凭借餐号,可到保鲜柜自取食物,即刻用餐。这是 O2O＋物联网的初级结合,与远程手机点菜的最大不同在于,它通过安装物联网储物柜,节省了消费者的等餐时间,优化了线下门店的管理效率,服务效率和上座率的提高有利于增加企业的营业收入。O2O 线上导流固然重要,而聚拢消费者黏性更要靠线下服务。在 O2O 结合移动支付的基础上,进一步实现与物联网技术的融合,服务流程中自然融入了线上导流和线下智能服务。O2O＋物联网的纵深发展是智能化时代的到来,将有望实现速位营销,这其中有两层含义,所谓"速"即营销速度快、省时间;所谓"位"即市场定位精准、营销到位。

Mobile World Live 预测 2020 年平均每个人会拥有至少 4 台与互联网相连接的设备。未来新的一天是这样的:智能厨房根据预设时间自动烹饪早餐,衣橱根据天气和用户偏好自动推荐出行搭配,甚至可以直接连入电子商城点击购买时尚搭配;上班通勤的工具是一辆无人驾驶汽车,它

---

[1]　李宏玮、童士豪,《GGV:物联网时代投资逻辑》,新浪专栏创事记,2015 年 3 月 23 日。

在闲时已完成自动就近充电；智能办公桌感应到主人步入办公室时，自动打开常用工具，既可投射到墙面，也可 3D 成像在空中，并能根据工作日程表做出提示；办公环境可以在你感觉不适之前，预先调整恒温器；开会时，智能桌面可以与同事们的便携式电脑同步，工作餐时间可以在智能桌面直接下单选购午餐外卖；回家途中用户可以发出指令，让电饭煲和洗衣机提前工作，冰箱会在食物短缺之前自动上网下单……不仅桌子、冰箱、房子、汽车等家居出行用品，而且手表、眼镜、项链、戒指、相机、牙刷等所有随身物品都可以成为智能化终端设备，甚至宠物狗的口粮会根据食盘感应定时补给，而未来软体机器人主妇将不再是幻想。

以上并非幻想，日本松下电器公司已在实施相关计划，拟打造"智能"家居：高智慧厨房能炒出一盘色香味俱全的佳肴；智慧镜子不但能根据肤色指导护肤和化妆，根据身材推荐穿衣搭配，还是一个医疗数据库，展示人们的心跳、血压、体重以及脂肪量数据，一旦检验出有异常，就会发出信号。

万物连接的本质是万物的数据化。物理世界和虚拟世界的融合，最后都变成了数据。第三次计算机革命将把数以亿计的电脑、手机相连，还包括各种含有电脑的设备以及以上提及的终端，我们生活的方方面面都以某种方式与无线网络和云计算相连。在不远的未来，移动设备、社交媒体、大数据、传感器和定位系统将如影随形，被连接上网的用户不再是一串数字或者账户，而是有明确需求的特定人群。在这个过程中完成的营销,可谓贴心便捷、快速到位,线上电商与线下服务无缝连接,商家推荐、展示、售卖商品的渠道将不再是特定地点的商店,而是无不处在的智能设备。

美国的工业互联网和德国的工业 4.0 等以互联网为主的信息技术正不断拓展应用领域,推动多领域技术跨界融合,正在引发新一轮的产业变革。除了国家战略布局互联网与工业的融合创新,觉察到这一商业前景的巨头们纷纷通过收购与投资占位物联网未来。谷歌在短期内密集性地收购了 Autofuss、Boston Dynamics 、Bot & Dolly、DeepMind、Holomni、Industrial Perception、Meka、Redwood Robotics、Schaft、Spree 等一批机器人公司。脸书收购 Ascenta、Oculus VR、Ascenta,苹果则收购 Beats,亚马逊收购 Kiva Systems。在中国,家电巨头美的与互联网企业小米联手在智能家居产业、移动互联网电商以及这两个领域的共同投资等展开合作。GGV 纪源资本判断第一波物联网的创新会发生在人体数据采集方面,因此投资了捕捉人体挥动高尔夫球杆动作的 Zepp、捕捉日常活动的 Misfit、应用于宠物的传感器 Petkit。第二波浪潮将会围绕人与硬件/机器的互动展开,这将带动虚拟现实和增强现实的兴起,因此投资了亿航,志在将无人机带入大众级市场;在运输领域投资了定位追踪装置 Tile、移动充电设备紫米等,电动汽车会拥有定制型座椅以及可视化的仪表盘等。

可穿戴设备升级移动营销

伴随每一波新的技术浪潮,总有一批新型企业及其所引领的商业模式应之诞生。汽车的发明和普及催生了能集合大规模劳动力的汽车生产线,控制工业化大生产的大型企业繁荣起来,随之出现致力于满足最广大用户的量产量销的生产、营销模式;卡车和洲际公路的出现催生了零售巨头麦当劳和沃尔玛以及新的零售连锁营销模式;互联网和个人电脑的普及培育了一批线上巨头如谷歌、脸书、百度、腾讯和阿里,因掌控大量流量而制约着线下传统企业的网络营销入口;而移动互联网的到来,使智能手机、平板电脑和可穿戴设备取代了一度一统江山的个人电脑,被巨头垄断的流量得以分化,出现了 Airbnb、Uber 和滴滴打车这类重塑行业的新型企业,渠道、流量、购买和支付等消费行为呈现碎片化特征,移动营销将"以人群为核心"重构营销模式,从而萌生了"大 V 店"这种代表社群营销的企业。

可穿戴设备盛行之前,移动营销主要依赖移动电话。我国有中国移动、中国联通和中国电信三家移动运营商,三家移动用户总量约为 10 亿。截至 2012 年 3 月,中国手机用户保有量已超 10 亿,紧追电视受众规模 11.54 亿[1]。网

---

[1]　黄维、李婉,《2012 移动营销百问百答》,北京:电子工业出版社,2012。

民上网设备中,手机使用率达 83.4%,2014 年即超越传统
PC 整体 80.9% 的使用率,手机作为第一大上网终端的地
位更加巩固,中国真正迈入移动互联网时代①。而这些用
户中相当一部分手机网民将很有可能成为可穿戴设备用
户。截至 2015 年 12 月,移动互联网智能终端设备活跃数
达到了 8.99 亿。

　　在可预见的未来,可穿戴设备终将替代智能手机的霸
主地位,成为具备巨大商业价值的营销渠道,"互联网女皇"
华尔街证券分析师 Mary Meeker 预计,智能手机有三分之
二的用途会被可穿戴设备所取代。因此,移动互联网时代
是线下传统企业借机反扑线上的时代,对于服务类企业而
言尤其如此。想象一下,当用户到外地游玩,一份根据用户
的地理位置度身定制的旅游指南推送到其智能手表上,冠
以某品牌名的指南推荐了当地餐厅、旅店、交通与酒吧等。
即使手机存在交互的繁琐、身份的认证、易丢失的风险等问
题,它仍旧化入生活,如影随形。一位典型手机用户每天视
线接触手机频次是 120 次左右,平均 10 分钟 1 次,视线驻
留手机屏幕时间超过 123 分钟,手机伴随时长接近 16 小
时②。相较之,可穿戴设备取消了用户与手机之间交互操
作的繁文缛节,戴上谷歌眼镜或智能手表即获得一个窗口,

---

　　①　中国互联网络信息中心(CNNIC),《中国互联网络发展状况
统计报告》,2014 年 7 月 21 日。

　　②　黄维、李婉,《2012 移动营销百问百答》,北京:电子工业出版
社,2012。

可看自己的手机、来电、文字消息和电子邮件，所有这些都是被推送的。一款名为 Cicret 的概念手环，能将皮肤变成屏幕，内置微型投影仪和 8 个近距离传感器，具备一部智能手机的标配功能。甚者，许多可穿戴设备能预知用户需要什么，谷歌眼镜的核心体验其实是 Google Now。多伦多的 Nymi 公司可以利用生物指标来提高安全级别，无需密码，穿戴就是验证。此外，苹果（苹果支付）、三星（PayPal）和 Nymi(RBC & 万事达卡)都在引入支付功能，预计 2016 年后半年星巴克可望用智能手表支付了。

移动技术已经改变了人们交流和消费信息的方式，人们处于各种信息的中心，通过各种移动设备同时查看区域广告，浏览社交媒体，听音乐，娱乐，交流，玩游戏。移动营销是一种收效更显著、个性化更强、成本更低的营销形式，在数字营销中，具有更高的增长潜力。可穿戴设备的随身性、用户身份的唯一性、用户位置的可追踪性、体验的即时性和传感器可能产生大量高质量新数据等特征，使营销信息可以直达特定人口特征与心理特征的人群，营销数据可以关怀到个人，及时满足他们某时某地的行为需求，因此有个性、有温度、会感知、能预见，从而具有人格营销、直接营销、即时营销、精准营销的特点。

2011 年 2 月，美国 KPCB(Kleiner Perkins Caufield & Byers)风险投资公司合伙人约翰·杜尔(John Doerr)首次提出"SoLoMo"，译为"社交本地移动"，社交、本地化和移动将是移动互联网未来的发展趋势。随着商务从传统发展到互联网再到移动互联网,企业与用户的接触点逐渐立体,用户接触商品的传统渠道是商店,到互联网时代发展为网页,到了移动互联网就可能是任何地方,因此企业有机会多点接触用户,可以与用户随时随地进行互动。可穿戴设备最主要的是传感器,还配备麦克风、环境光传感器、加速度计、心跳监测器、内置 GPS 定位系统和移动接收功能。到目前为止,移动营销大规模可操作的形式有三种:MMS(多媒体彩信)、WAP(手机网页)及 APPS(移动应用程序),它们呈现的方式有移动广告、短信和彩信、基于位置的移动营销(Location Based Service)、移动应用软件、移动搜索营销、近场通讯技术(Near Field Communication)、虚拟现实技术等等。作为手机营销的延伸,可穿戴设备上会出现横幅广告、弹出窗口、启动页面和大量推送通知等。

我国自 2007 年至今,移动应用数量直线上升,基础通讯、社交、视频、游戏和电商类等领域的应用软件流行起来。到 2012 年,随着智能手机普及加快,媒体也加快向移动端转移,广告主愈加认识到移动广告的重要性,预算向移动端倾斜更多。到了 2013 年,移动应用广告平台的前期投入逐渐得到相应回报,投放的增加促进企业营收增长,竞争的加剧使得竞争格局逐渐明晰[①]。从 2014 年开始,关于 O2O 发力的代表领域生活服务类的应用集中出现,涉及餐饮、出行、家政、旅游、医疗和教育。

---

① 　艾瑞,《2012—2013 年中国移动应用广告平台数据监测报告》。

移动营销三个关键因素是用户相关性、个性化与简短性，当然，地理位置和内容推送的时间也非常关键。当用户走进一家商店，他的智能手表上可能收到一条推送通知，提供与用户偏好相关的信息。随着移动营销的深入发展，营销可望实现自动化。所有关于产品研发、广告与推广、客户维护等营销功能都会自动化：自动测试、自动轮替创意（自动设定广告何处出现及出现频率）、自动锁定目标，以及自动实时购买广告和营销时空①。目前，Fitbit 和 Jawbone 主导了计步可穿戴设备市场，OMSignal 和 Hexoskin 主导了智能服装公司，可穿戴设备除了追踪心率、呼吸率和活动等身体状态，以及皮电反应（GSR）传感器来测量我们的情感。Moodmetric 推出的智能戒指、Sensoree 的 GER Mood 毛衣以及 Jawbone UP3 和 Microsoft Band 的健身追踪器都使用这种传感器来监测和记录用户的情绪反应。

基于全球领先企业的投资布局，未来几年可能会出现消费体验跨物理环境和虚拟环境的大融合。脸书以 20 亿美元收购 Oculus 的原因是虚拟现实设备会是下一个互联网平台，它将渗透到教育、医疗、旅游、购物等各个方面。巨头 Google 以 5.42 亿美元领投了 Magic Leap，微软推出了增强现实眼镜——全息眼镜 Hololens；Intel 斥资 6200 万美元投资的虚拟现实公司 Avegant，索尼推出虚拟现实设

---

① 麦德奇、保罗 B. 布朗著，王维丹译，《大数据营销》，北京：机械工业出版社，2014 年。

备 Project Morpheus。国内的虚拟现实行业的代表有蚁视科技,暴风影音计划以暴风魔镜为基础建立软硬一体生态。

按需经济催生按需营销

铁路和运河大幅降低运输成本,它刺激了大规模商业企业的成长,大批发商得以从制造商直接批发货品,发展壮大能触及全国零售商的市场网络。汽车的发明和普及抚育了集合大规模劳动力的生产线,操控工业化大生产的巨型企业繁荣起来,随之出现致力于满足广大用户的量产、量销乃至垄断的生产与营销模式。工业社会强调标准化和规模化,一辆福特轿车、一瓶可口可乐,可以卖到全世界。

然而,移动互联网时代的商业本质发生了逆转,所有的商业模式不再以企业为出发点,而是以用户为中心,围绕个性化、多样化的需求做文章。中国正在告别粗放经济时代,细分市场行将过时,企业要重新定位多元的、垂直化的、个性化的精众市场。在移动终端盛行的今天,搜索技术让产品信息触手可及,社交媒体鼓励消费者分享、比较和评价,手机、平板和可穿戴设备使个体需求无处不在,物联网的发展甚至能预知个体需求,这一切为按需营销提供了萌芽的土壤。按需营销是积累每一次消费、每一个"点赞"、每一趟出行、每一次聚会,跟踪每一次对话、每一击鼠标和每一次互动,这些数据足迹汇聚成有关消费者的数据流,一个符合消费者自身属性的数字化形象或者虚拟人格最终描摹出炉,它可预知每个消费者的需求,实现促销商品的个性化。2009 年成立于英国伦敦的 EDITD 公司可即时追踪消费者的购物内容,帮助零售商作出更佳的营销决策并快速补货。

与此同时,产品和服务的供应方不再局限于大型企业,自由职业者和社会资源可以通过移动互联网充分调动,供应方的瞬间增多自然促使各类产品和服务更加价廉,按需经济(On-Demand Economy)就是这样把社会的剩余资源(包括人力资源及其资产)释放了出来。

不少新型 O2O 公司正是抓住按需经济的特征、遵循按需营销的思路成长壮大的,这类公司通过移动互联网与移动终端适时线上对接市场需求与社会资源,服务在线下完成后,通过支付和评价来积累用户和商家数据,以供产品与企业的进化。美国的 Uber 公司就是典型代表,它于 2010 年上线,到 2014 年底,就已进驻全球 250 个城市和 50 个国家。Uber 何以在短时间内奇迹引爆,缘于它把按需营销从产品做起。Uber 实时连接乘客(需求方)和司机(供应方),既降低汽车空载率,提高司机收入,又节省乘客等待的时间,优化城市交通效率。Uber 根据搜集到的数据生成一个热点图,对用车需求量、车的配给和定位有一个相对精准的预测:它能算出什么时候该派多少车在路上跑、如何部署最少的车最有效率地满足用户需求。比如,Uber 会根据需求变化,推荐司机前往需求量大的区域。杰罗姆·麦卡锡的4P 营销组合理论似乎在 Uber 的按需营销上成功复活了,除了充分考虑到需求方与供应方的产品设计,价格也是

Uber通过实时调节供需来优化交通效率的杠杆。Uber采用错峰定价(Surge Pricing)策略：根据收集的交通信息，在需求量大的时候提高价格，鼓励更多司机出行，而在需求量少的情况降低价格，鼓励更多乘客叫车。错峰定价促使出租车供应量同比增加70%—80%。Uber从每一单车费中抽取佣金，会自动接管支付的全部流程——根据行车距离、时间计算出所需费用，然后直接从用户注册时绑定的信用卡或支付宝中扣除。随后发给用户邮件，详细说明费用的组成以及行车路线，真正地完成了O2O的闭环。事实上，Uber这套按需营销的方法论可以应用于其他领域，而它自身已经开始尝试，例如UberEssential给用户按需配送便利店卖的小商品、UberRUSH在纽约曼哈顿地区的自行车同城快递服务以及UberFresh送午餐。[①]

　　当然，在美国以按需营销起家的还有送餐饮上门的SpoonRocket公司、两小时内送医生上门服务的Medicast公司以及提供律师和顾问的Axiom和Eden McCallum公司。几乎所有在美国实践的这类公司，在中国都能找到对应的样本。例如，保洁和维修按需服务公司Handy在我国相似的公司有e家洁、云家政、阿姨帮；杂食购买按需服务公司Instacart在我国相似的公司有社区001、小美生活；在线洗衣按需服务公司Washio在我国相似的公司有e袋洗、

---

　　① 何宗丞，《2014年度科技公司：Uber》，爱范儿，2014年12月26日。

泰笛洗涤、干洗客、懒日子、懒猫洗衣；与鲜花配送按需服务公司 BloomThat 相似的国内公司包括 Roseonly、胡须先生。

目前，中国领先的互联网公司、传统企业乃至农业公司都看到按需经济的趋势，已有所动作。驴妈妈旅游网通过做一个大的 O2O，将司机、导游、旅行社、景区等旅游资源与用户连接起来，提供按需定制、按需服务。传统农企新希望利用互联网技术把中产阶级和农村猪肉农场连接起来，提供互联网农村市场营销，涉及加工、增值、产业链的布局和猪的销路、各地价格的整个市场体系都利用互联网，从饲养阶段就开始按需营销，农场可以由中产阶级新知识农民投资，新希望只提供技术、图纸、品种、饲料和产业支持体系，这些中产阶级在家里看视频便能见证猪每天的成长，得以享用放心安全的猪肉。

按需营销避免了营销的"一刀切"，与用户具有强相关性，不仅体现在用户偏好上，还体现在消费的量化补给上，创造刚刚好、正想要的满意度，连消费者能承受的成本范围都是按需营销可以考虑在内的。澳大利亚联邦银行采用了新的智能手机应用程序，改变了找房子的体验。潜在的购房者先是给自己喜欢的房子拍照，然后，应用程序使用图像识别软件和基于位置的技术，确定房子，并提供房价、税收及其他信息。接着，应用程序与买家的个人财务数据（以及贷方数据库的进一步链接）取得联系，确定买家有无资格办理按揭（若可以办理，按揭多少金额）。这一系列互动几乎在瞬间完成,避免了原先繁琐的需要一周才能走完的流程。

按需营销对于品牌建设也是大有助益的,因为它彰显个性化需求,让客户感觉到专属服务。品牌可以通过移动服务、优惠券计划、数据取样和社交群体的发展收集大量的一手数据,了解人们如何与品牌进行互动,并能妥善管理和使用这些数据,从而预测到客户未来的需求。关于客户的信息最终可以贯穿丰满起来,使他与品牌的所有互动具有即时性与相关性,方便他参与品牌的多项活动,比如分享评价、身份识别、分级的特惠服务。而基于 LBS 位置服务随时随地的感知响应能力、基于数据流需求的实时响应能力、基于分布式电子商务与营销过程无缝对接的能力,是品牌商家必备的核心能力。在北美市场,wish-mama 通过和脸书的合作,获得用户的社交和用户行为数据,对妈妈精准画像,判断消费偏好,推荐不同的商品。而在中国,哇塞宝贝的用户可以使用自己的社交媒体账号登录"哇塞宝贝",应用会分析用户过往的浏览行为记录、购物记录以及分享行为等,对妈妈们进行精准画像,判断消费偏好,划分为不同的用户类别,推荐最适合的商品。

O2O 营销可以小而美

O2O 营销只有巨头敢想? NO。从前小餐馆没有资源打广告,现在百度会为它们拍照并挂上网,用户通过百度了解到这些餐馆,再到线下体验服务。此外,微信公众号营销最适合个体工商户了,他们用它进行预约和支付,管理和维护顾客,增强消费者黏性,还在公众平台上通过新品促销、节日推广等激活老顾客,吸纳新顾客。

诚如前文分析,O2O 根据消费者的介入程度分为三类,它可以理解为 O2O 的三个发展阶段,从推广、交易到增值逐层上升,从涉及信息、支付和大数据,到供应链管理和优化运营效率,最终可以通过众包、众创和众筹,重构供应链和成本结构。需要指出的是,并非每家企业必须爬升到最高阶段,也并非所有企业需要一步到位,O2O 新营销能让小微企业在初期做小而美的启动,不必背负系统化的包袱。以往,众多中小型企业受制于预算,难以通过大众广告高效推广,O2O 新营销以低成本使用定位数据高效锁定客户,为他们创造了全新的营销机会。

互联网巨头有钱任性,营销方式可以简单粗暴,直接砸钱收服用户,微信集合土豪企业在 2015 年央视春晚发 5 亿多现金红包,嘀嘀与快的打车软件当初为抢用户,动辄投入上亿红包奖励,阿里 O2O 淘点点为打造餐饮 O2O 生态圈,先期补贴上亿元,加速推进其业务在 20 个城市的外卖、点菜商户中普及。传统零售巨头在烧钱培养市场方面也不示弱,例如国美在 2015 年 315 联手微信、赶集、滴滴派发 30 亿红包。趁着巨头们花钱培育市场的机遇,中小微企业正好独辟蹊径,寻求适合自身的营销路线,不必正面迎击、以卵击石。

移动互联网用户偏好简单与快捷,O2O 营销因此具有强调细节品质的特征,忙于攻城略地的互联网巨头做不到无所不能、无处不在。中小微企业正好可以通过垂直专注与细节创新实现突围,用小而美的创意深入每个人生活的尾端。而且,移动客户关系管理(Mobile CRM)为中小企业提供了重要的营销机遇。移动互联网使顾客的消费(决策)习惯发生了变化,O2O营销呈现碎片化、社群性的特征,线上和线下可供商家部署的客户入口呈现多样化,这些入口如平台接口、Wi-Fi热点广告、域名、"地理围栏"技术、二维码、微网站、APP、移动搜索结果列表以及微博、微信等移动社交媒体应用,都能让客户轻松便捷地找到商家。

一站式平台接口是中小微企业轻量化启动的重要途径,中小微企业用相对较低的营销成本就能解决流量、支付乃至信用机制等问题。餐饮行业的新美大、饭统网等平台,电商领域的天猫、京东等平台对商家的首要价值在于"宣传推广、提高知名度、团购引流"等营销效应,能为线下商家和客户搭建信息链接和沟通桥梁,商家掌握和积累了客户数据,能对客户的选择、疑问和评价进行即时反馈与交流,进而不断优化不足,提高商家品质,逐渐实现互联网与商家常态运营的结合,提高反应和执行速度,实现管理和经营的升级。

鉴于O2O的本地化属性,巨头们很难用一个平台解决所有问题,这为中小微企业和农村商业营销提供了机遇。对于涉及本地服务的行业,在商店附近针对性投放广告,为大部分中小型企业创造出全新的营销空间。例如餐饮业,基本以服务周边 2 公里左右的客户群为主,一方面在"线下圈人",在人群聚集地如商场周围、写字楼、社区发放宣传页(加印二维码);另一方面在"线上找人",借助微信、微博"周边的人"、易信"朋友地图"、手 Q"附近的人"的方式,以优惠、促销、免费等邀约客户。

即使是地处三线城市的微型企业,也呈现了小而美的营销案例。一家开在江苏省泰州市姜堰区的农贸市场的小饭馆,面积 50 多平米,年收入 120 万。首先,它用数字化管理客户,做到 O2O 快速响应,按照顾客消费的频次和金额,把顾客按照 1—N 的方式进行编号,每个编号对应着一位顾客的姓名、电话和常用送餐地址。与此同时,菜品也进行了 1—25 的编号。其次,微信取代了电话成为了店里叫餐的主要工具,顾客只要在群里说"16 号,订餐 3、9",店里的员工就知道是要送给谁,送到哪里去,以及要的是 3 号西红柿鸡蛋和 9 号红烧肉。餐馆把这些陌生人加在一个群里,通过"激发需求"引发吃饭跟风,一个人点了,就会有人跟着点①。

当然,大型公司也不会放弃 O2O"小而美"的营销尝试。例如,英国上市保险公司 Hiscox 的潜在客户主要是小企业,所以 Hiscox 利用 Wi-Fi 用户资料信息和机场、车展、旅店、商务中心等地点信息发掘潜在客户,针对他们投放广

---

① 《一家 50 平的小饭馆如何做到年收入 120 万?》,《管理智慧》,2015 年 1 月 22 日。

告。人们在 Hiscox 户外广告附近登录英国电信 BT Open-zone Wi-Fi 无线网络时，会看到相应的数字广告并且可以直接拨打电话咨询保险业务；Hiscox 的广告还会出现在 Wi-Fi 登录页面上。这些广告的点击率比传统在线展示广告的点击率高了 5 倍。英国的麦当劳餐厅为了推广其 24 小时店，针对大多数在深夜就餐的顾客——游客和夜班族，在他们经常出没的取款机和加油站打出广告，鼓励他们下载新应用"Restaurant Finder"（找餐厅），同时在夜里常被访问的网站上投放宣传该应用的移动广告。这个应用能把用户带到离他们最近的麦当劳 24 小时店，还能利用"地理围栏"技术向靠近餐厅附近的用户发送消息。该应用在推广期间被访问 5.3 万次，而麦当劳投入的每 1 英镑都带来了 2 英镑的销售额。

O2O 虽然可以轻量化地启动，但是商家一开始就要有建立客户数据库的思维，当然初期对于数据的完整程度无需要求太高；发展到一定程度后，最好拥有自己的专属网络平台，百分百掌握数据的真实性和管理权，不受任何第三方的干扰，主动建立自己的客户数据库，为 O2O 升级作准备。

社区 O2O 聚焦本地营销：深耕最后一公里

在互联网时代，整个生态好似管道输液，主管支脉纵横蔓延，营养液流向哪里，就滋养哪里，管道未曾触及之地寸草不生。而在移动互联网时代，移动无线端遍地开花，好似管道被针孔四处穿破,营养液可以漫天漫地恩泽,几乎所有地方都可能得到覆盖,流量因此得以重新分配,可以渗透到社区这类人们生活领域的毛细血管。

社区是人们生活的聚集地,覆盖生活消费近 80％的领域,而社区服务则是切入人们生活消费的入口。我国的网络消费者在从北上广深及二线城市向三、四、五线乃至县级、乡镇蔓延。阿里研究院预测,全国农村网购市场规模到 2016 年将有望增长到 4600 亿元规模,且农村用户的手机上网比例已达 84.6％,高出城镇 5 个百分点。在 3—5 线城市里,地方社区对当地居民的生活影响甚至强于当地的报纸、电视台。2015 年初百度发布的《2015 年中国移动网站趋势报告》称,2015 年移动需求缺口最大的将会是生活服务、教育培训和新闻资讯,越来越多的用户需求在寻找本地资源,而用户在选择结果时也更倾向于本地的网站。全国百强地方社区百色作为革命老根据地,经济相对落后,但是百色视窗却达到百万级会员数,其自主开发的 wap 网站,未做任何形式的推广,便能每天引流 6 万 PV[①]。这些趋势将造成企业营销方式的变革,以地理位置为核心的本地营销将成趋势,最后一公里的商业生态将得到重塑。商务部发布的《"互联网＋流通"行动计划》提出,未来流通产业重点在电子商务进农村、电子商务进中小城市等领域,鼓

---

① 傅瑞栋,《移动 O2O,地方社区无惧 BAT 竞争》,站长之家,2014 年 12 月 3 日。

励电子商务进社区、推广线上线下互动等。

致力于"最后一公里"的社区O2O因为最靠近用户和家庭,成为了巨头必争之地。阿里巴巴计划在3至5年内投入100亿元建立1000个县级运营中心和10万个村级服务站,让"淘宝村"模式带动当地创业。传统零售巨头之一苏宁将把各地原有的200家乡镇售后维修点升级为可提供代客下单、最后一公里配送、售后维修、批发销售、数码冲印、清洗空调和油烟机等服务的新式乡村服务站,计划5年内扩大到1万家苏宁"易购服务站",将覆盖全国四分之一以上的乡镇,该模式将让O2O模式的推广更具深度。京东针对县域市场已有百家"县级服务中心",并预计2015年将有500家县级服务中心在全国铺开。这些巨头创建的地方服务站都承担着展示、代下单、收款、配送等兼具营销与服务的功能。

O2O本地营销的第一要著是烧脑做好产品,因为本地社区的绝大多数消费者是长期稳定的,唯有好产品才能得到持续认可,本地营销回到了营销的本质:营销从产品做起!如果能渗透到社区生活的各个环节,春风化雨般地深耕某个细节,使社区里的住户、商户、物业、街道办(居委会)获得快捷与方便,帮助他们节省资源、提高效率,便会建立起自己的口碑与品牌。在社区垂直细分生活服务领域,常能以单点突破。中国首家专注于民间手工美食的交易平台"觅食"能搜索附近小区内某户家中的食物供应,从早餐到午餐、晚餐、夜宵,从甜点到果蔬,就在小区内的某个楼里,送上门,甚至还可以上门吃。中小企业尤以爆品策略沉淀用户,积累口碑,然后逐步扩充服务品类。荣昌 e 袋洗从单一的洗衣切入,将来涉及用户居家保洁、居家保养。云家政从家政服务切入,逐渐往社区居民生活顾问靠拢。其他领域的代表企业有提供商超零售商品上门配送的社区 001、做生鲜配送的爱鲜蜂、找保洁维修的 e 家洁、找保姆月嫂的云家政、以包裹自提切入的猫屋男孩等。低价高频是切入社区 O2O 的重要产品思维,例如 e 洗车以高频低额的消费服务洗车入手,车主可以通过网络版或微信版快捷地预约到店洗车、上门洗车服务,以期带动汽车美容、保养、维修、二手车评估等服务。据不完全统计,微信认证洗车服务账号约 70 家,APP Store 中洗车服务 APP 约 50 家,每天总计洗车订单量约 34 万单[①]。

其次,注重数据化,打造完善的自我平台生态系统。荣昌 e 袋洗进行互联网式的产品设计,将整个流程数据化。用户通过微信公众号或者 APP 下单,30 分钟内会有人上门取件,只要用 e 洗袋提供的洗衣袋,无论塞下了多少衣服,是水洗还是干洗,统一标价 99 元/袋[②]。除了产品和服务实现数据化,很多企业还注重客户资源数据化,开始自主投资研发 CRM 系统即客户关系管理软件,积累、管理、分

---

　　① 刘兴龙,《汽车后市场渐成创投"新宠"洗车保养备受青睐》,中国证券报,2015 年 3 月 7 日。

　　② 吴晓波,《张荣耀:一家洗衣店的互联网革命》,吴晓波频道,2015 年 3 月 18 日。

析、运用本地居民精准数据,后端以 CRM 为中心,前端以APP 与 WAP 为核心,外围以微信、微博、QQ 等为最重要的引流工具,最终建立起一个强大的本地生活网络。汽修企业帮用户建立车辆健康档案和病例本,打通企业留存的车辆健康档案和用户微信上的车辆健康档案数据,让用户和企业两方实时共享车辆的健康状况和下次来店时间。

最后,线下对接落地服务。目前,国内社区 O2O 主要形成了三类模式:第一类是以 58 到家、饿了么、百度外卖、e 袋洗、e 家洁、河狸家等为代表做垂直细分领域的服务;第二类是以京东到家、爱鲜蜂等做电商配送服务;第三类则是以小区无忧、叮咚小区、彩生活等为代表的社区服务平台。社区 O2O 虽说线上搞广告、做口碑、病毒式传播和引流,但是营销还是要落地在本地线下,确保线上线下彼此呼应。小区无忧除了用到应用内广告条,它还重用两种线下营销方法:手册和路演。它自主发行了一本覆盖全国 20 座主要城市的小区 O2O 生活服务指南手册,每年发行量高达 1.2亿册;同时打造了一支专业化、体系化的小区路演营销团队,集中在北上广深蓉汉六大城市搞路演活动,平均每月完成 1200 场,场均获取用户数为 200—300 人[①]。与此同时,要有线下实体近距离接触服务对象,保持线下与线上的稳定体验,帮助服务商提升效率,督促供应商落实服务,以真

---

① 王长胜,《墙外站满进击的巨头,小区无忧们在干吗?》,品途网,2015 年 8 月 11 日。

实的服务夯实营销，提升用户黏性。汽修市场出现上门汽车保养，用户网上下单后，技工带着配件配料到用户车前换机油三滤。除了组织动员技师团队，易快修还自建门店、仓储和供应链，设计了视频监控 APP 和车载 Wi-Fi，用户和平台可随时监控技师的工作状态，订单完成后，视频被上传至资料库可供随时查看，这样的服务显然比传统汽修行业带给用户更好的体验。根植于浙江省丽水市遂昌县的农村电商平台"赶街网"已在遂昌当地建立起 140 多家村级电商服务站，站点同时提供消费品下乡、农产品进城和本地生活服务（如快递收发、就诊预约、水电缴费等），网店工作人员通过"淘客"代购模式运营。

　　社区 O2O 作为商家必争之地，在白热化竞争过程中也出现了盲目投入、过度开发的失败教训。顺丰嘿客本意是解决物流链条上最后一公里的配送，除了收发快递之外，还提供衣服干洗、话费充值、订购机票等服务，未来计划进入交纳小区物业费、水电煤气费等刚需服务。但是，上线不到一年，扩张门店 2000 多家，每家嘿店多半都位于城市相对临街地段，进行统一高规格的装修布置，配备专职员工，这种重度投入与社区 O2O 早期的低收入对顺丰体系形成倒逼压力。复制和扩张的做法，不像在线上属于边际成本递减，而在线下则是边际成本递增，以门店数量博规模经济的打法背离了新经济资源共享的思维。相较之下，京东与 1 万家便利店合作开展社区 O2O，便利店的营业者就是社区服务的客服代表和落地执行者，利用他们对线下实情和需求的了解,可做电商在线下对接服务的中枢环节,同时又整合了市场资源,不用另起炉灶重度投入。大润发的飞牛网强力推进千乡万馆计划,让飞牛网与四五线城市和乡镇的超市对接,在手机里装上一个门店的 APP 或门店里装一个触摸屏,一个小超市实际上就可以让消费者选购几万、甚至是几十万件单品。同理,社区物业服务(包括门卫、绿化、停车、小区清洁、小区通知、房屋硬件维修等)、食堂、银行网店、洗衣店、药店、菜场、花店等都是可以充分发挥共享经济优势,提高线下服务对接线上营销的舞台。

数字营销:改变品牌塑造的渠道与速度

渥德星人(Ood)有三个大脑,一个在头上,一个在手里,还有一个通过心灵感应为所有渥德星人共享。未来的人类也将有三个大脑:一个是人脑,一个是智能设备,还有一个是通过移动互联网连接的"云"。

品牌,将不仅仅定位和存在于个体心智之中,还将存在于每个智能设备以及与之相连的"云"上。信息的爆炸性激增和易获得性使人们已不再也不能将所有的信息存储在自己的大脑中,而是越来越多地通过实时连接移动互联网来获取需要的信息。因此,消费者在做出购买决策时,不再仅仅倚赖自己大脑中存储的品牌印象,而更多的是通过互联的智能设备来辅助自己做出更合理的消费决策。

嗅觉敏锐的快速消费品大牌已经开始增加数字营销的

比重。2013 年联合利华将其数字广告预算增加了 40%，宝洁把全美广告预算的 1/3 投入到数字营销之中。只要市场上存在着同类产品竞争，品牌仍旧具有决定性的作用，因为消费者仍旧倾向于选择购买市场上的领导品牌，只不过目前作用于消费者心智的渠道出现了离散，塑造品牌的渠道因之发生了变化。以往依赖于电视、报纸、杂志、广播等传统媒体的购买决策行为，到了互联网时代，转变为查搜索、看点评、上论坛，传统媒体打造品牌的影响力因此被减弱。到了移动互联网时代，微博、微信、豆瓣、陌陌、大众点评、知乎、linkedin、虾米等热门工具又成了影响消费者的新媒体和新渠道。麦肯锡的 CDJ 新模型[①]认为品牌能在数字营销工具的帮助下，主动重塑消费者的决策流程，其结果是品牌可以压缩甚至去除消费者的考虑和评估阶段。它表明数字推广的投入会给企业带来丰厚回报，对消费者的购前营销和对口碑维护都可以转化为最终的销售乃至重复购买。咨询机构尼尔森利用 7 年时间，对 300 多个快消品品牌和 80 家企业，完成 800 多份市场调研，总结出品牌广告主每投入 1 美元在线广告，可获得平均 3 美元的销售增长。

相较于传统广告，数字广告能将视觉、声音和动作引入交互维度，卓越的交互有利于驱动品牌效益。例如 IAB、comScore 和 Vibrant Media 共同研究移动广告的有效性表

---

① David C. Edelman, Marc Singer, "Competing on Customer Journeys", Harvard Business Review, Nov. 2015.

明：消费者更乐于与 Mobile Rising Star 广告进行互动，其数量是普通 banner 广告的 2 倍，并且品牌印象在互动之后得到了大幅度提升：83％的用户提升了对于相关品牌的印象，74％的用户对品牌产生记忆，22％的用户能回忆起广告信息，12％的用户会推荐品牌。

　　整合营销传播将不仅指各类传统媒体的布局与呼应，更包括了线上渠道与媒体的融入与互助。一份来自BrandScience 和微软共同发表的计量经济学报告显示，混合有在线广告元素的所有媒体，其 ROI 表现都获得了巨大的提升，其中广播媒体上涨 4％，户外媒体上涨 51％，电视媒体上涨 71％。数字营销可以因为一个击中用户痛点、喜点或痒点的创意，引发小投入大产出的关注度、传播力和品牌效应。连传统企业星巴克等都设置了首席数字官，打理含数字营销在内的一系列数字化业务，如网页、手机、社交媒体、Starbucks Card 和电子商务、Wi-Fi、数字网络以及新兴的店内消费技术等。

　　移动数字营销会"加速"品牌的成长，大大缩短了塑造一个品牌的周期。以往创建一个品牌往往需要数十年，可口可乐用了 129 年，而数字营销则可能让一个全新品牌迅速窜红，小米用了 4 年，微信只用了 2 年。叫卖传统食品的黄太吉煎饼利用微博、大众点评、微信、陌陌等社会化媒体平台营销（包括订餐和推送促销信息），开店不到一年，收入实现 500 万，被风投估价 4000 万元。网络口碑传播和粉丝社群有助于加速建立品牌。据尼尔森调查，92％的消费者乐于相信来自家人或朋友对于某产品的看法,这种口碑效应所起的作用事实上超过了所有式样的广告,而数字广告成为了助推这一高效说服渠道的引擎。一项来自 Share-This 的量化报告《量化社交媒体价值》称,用户评价对于消费者购物选择影响巨大,超过 57% 的消费抉择基于用户评价;负面推荐和评价极大地打击消费者的购物欲望,超过 11% 消费者表示会因为负面评论而不购买某商品。此外,社交分享和积极评价会让消费者愿意为价格高于心理预期的产品买单,品牌的附加值得到了变相的提升。据 Share-This 计算,家用汽车的价值上升达 3708 美元,平板电脑上升 24.91 美元,家用商品上升 0.92 美元。

数字营销塑造品牌的路径是由点到面,先做品牌口碑,集结粉丝和社群做忠诚度,然后逐渐铺开,乃至全面覆盖受众;而传统营销塑造品牌之路则是由面到点,先大规模做推播式广告,再缩小受众范围精准推广,接着进行持续的推广活动形成美誉度与忠诚度,最终形成品牌联想。卖功效祛痘护肤品的 WIS 创立 3 年实现销售额过亿,粉丝激增到近 350 万,它的品牌影响力就是通过微博营销实现的。WIS 利用微博平台的商业工具粉丝通,在 2013 年日投 1 至 3 万元,日获新粉丝用户 2000 左右。WIS 通过免费送产品建立起了品牌认知,并不断依靠活动话题,在微博平台持续传播,放大声量,获得了粉丝的积累和沉淀。接着,利用微博独有的社交关系链和传播特点,发布和传递信息的同时,一直与粉丝深入互动,拟人化的官微运营、堪比护肤顾问的官微主页君形象、10分钟内高效答复粉丝的运营准则……这些渗透情感与服务的互动使WIS赢得了粉丝对企业品牌的信赖,对于提高用户忠诚度,催熟企业品牌起到了重要的助推效果。

数字资产成为评价品牌的重要依据。消费者网上购物时会参考"淘品牌"、皇冠店等基于互联网电子商务的品牌概念。而企业则会参考百度营销研究院发布"品牌数字资产榜"来判断品牌成长情况,它通过信息库存量和连接活跃度两个主要维度,数字内容量、好感度、关注度、参与度、联想度五个详细指标,对品牌的数字资产进行了综合考量①。

①　百度品牌资产,百度营销研究院,http://bim. baidu. com/bde _main. php♯anchor1。

第二部分

O2O 产品变形记

如果您想送妈妈一只刻着个人肖像的花瓶，只要用智能终端下单，企业会将花瓶的数据包通过移动互联网发送到您家中的 3D 打印机上，材料由社区服务点配送，您在家中便可以打印出一只独一无二的花瓶。未来，实物产品的传递将可能转变为数据的传输，有助于企业快速满足每个人的个性化需求。

　　阿里巴巴肇始于小微企业的交易平台，淘宝一开始只是网上跳蚤市场，买家与卖家在这两个平台上直接对接，随着用户数的增加与市场的扩张，阿里巴巴和淘宝积累了对用户的了解，有条件进化为一家数据公司。淘宝在卖货的同时，获得了零售业和制造业的数据；阿里小微金服通过用户数据的积累，建立起信用体系；菜鸟物流在送包裹的同时，整合了物流、快递与用户购买力等数据。

　　小米的初始产品是智能手机，后来的小米平板、电视、盒子、手环都还属于智能硬件产品，接着它计划做小米生活和小米黄页，从事业态运营的商业中心；此后小米还推出小米手机免密支付、小米钱包、小米众筹平台，准备直接入股银行,旨在吸收米粉的存款,给米粉消费提供支付手段。百度以做互联网搜索引擎起家,后来延伸至百度地图、百度钱包、去哪儿、百度糯米、百度外卖、百度直达号,投资 Uber,全面布局 O2O。大众点评网则持续拓展商户资源及其使用场景,通过团购、预订、优惠券等方式完善 O2O 服务闭环,同时大众点评网的产品在变形,它监测消费数据,提供广告投放和智能推荐,商业模式进化为导流模式,实现流量变现。

在 O2O 时代,传统意义上的产品演绎着变形记,与时俱进的企业则可一路进化,生存下来的企业和产品都不再以其最初始的形态呈现于世。成功的 O2O 营销始于产品,以创意研发产品和打造价值为基础,充分整合线上线下资源,注重产品的可延伸性,使产品本身具备广告、推广与促销的要素和潜质。

产品的新特征:数据化与连接性

互联网肇始以来,出现了一种不依靠物理形态而存在的产品,从原子到比特,产品的形态可以是数据的、无形的,例如在线教育平台可汗学院、免费大型公开在线课程 COURSERA、盛大网络的网络游戏《传奇》、微软公司的办公软件套件 Microsoft Office。比特化产品可即时交付、不受时空限制、可复制,这让所有可以比特化的产品拥有了实体产品无可比拟的优越性。因此,移动互联网革命进一步倒逼传统行业的转型,传统行业里仍以非数据形态存在的产品若要实现 O2O,笔者认为至少需要具备两个特征——数据化与连接性。

所谓数据化,指 O2O 的产品必然伴随着数据的测量、采集、储存、反馈、计算、分析、处理、运用与分享,能基于用户行为、商业场景等数据实现关联计算。一支 1950 年要价 5 美元的晶体管,到了 2003 年仅需 1 微纳美分;一片载有十亿个晶体管的芯片也不过才几美分。硅芯片可以小到肉眼不可见,成本也降低到几乎忽略不计[①]。长此以往,日益价廉微小的芯片可以作为智能标签,附着在每件产品上,它可以在家具上、瓶盖上、衣服上、苹果上、牛耳朵上,甚至在每一个快递包裹上,跟踪包裹投递的全过程。未来番茄带有自己的条码,价格等信息可以显示在附近的 LED 显示器上,也可以显示在番茄上贴的一次性芯片上,番茄的存放时间、周边打折促销、本地天气等情况发生变化,番茄的价格也会相应发生变化,未售出的番茄还会自动降价。可见,数据化的产品是动态的、有反应的。Google 之所以愿意以 32 亿美元购买小小的温度调节器 NEST,是因为它可以将用户家中的生活状态数据化,且留存记录,对于未来商家的营销具有极大的参考价值。

设计 O2O 产品的核心理念就是把传统行业当中原本在线下运作的、原本需要人力完成的、抽象的工作内容和工

---

① 凯文·凯利著,刘仲涛等译,《新经济新规则》,北京:电子工业出版社,2014 年。

作流程,进行信息化处理,使之转化为直观可见的、线上的、易于操作的功能和便于分析的数字内容。O2O 产品不仅仅直接完成用户体验,同时完成数据记录。数据化变得有趣了。数字化多媒体体能训练中心"跑步猫"(Running-Cat)摆脱传统健身房的枯燥干瘪,戴上脚环的学员在场地里的移动幅度得以识别,根据一定公式计算出的卡路里及其在同期学员中的排名,可在屏幕上实时显现;下一步后台将留存学员自入营第一天始身体状况的起伏状态,从而把以前"胸变大"、"人鱼线"等视觉化指标转变为体脂比、肌耐力、协调力、爆发力等数据化指标,成为学员科学监控自身体能变化的参考依据。通过自主研发的 MRT 2.0 等数字化训练课程,将教练、器械、多媒体设备及其影像贯穿为一个涵盖用户所有接触点的体验密集型产品,肌肉、脂肪、心率、呼吸等运动数据的采集模式使健身有迹可循,互动娱乐的多媒体数字化体验模式使健身兼具专业与有趣,帮助学员更快速有效地实现每个人的个性化训练运动目标。

　　数据化还是有温度的,能够个性化识别用户,并提供专业建议,市场营销在其中扮演了重要角色。美妆护理品牌旁氏推出一款旁氏专用的护肤分析仪[①],它能测量皮肤的肤质、湿度和出油情况,根据客户面部的测量数据结果,仪器可以判断哪一款旁氏产品最适合客户的皮肤类型。美国在线记

---

① 麦德奇、保罗·B·布朗著,王维丹译,《大数据营销》,北京:机械工业出版社,2014。

账网站 Mint 之所以能促使用户自愿提供个人财务状况,是因为这家网站会给出优化财务状况的专业建议,帮助用户改变现状。人脸识别平台 Face＋＋发现图像年龄性别分析技术可以帮助商业主在各种商业场景里做出精准的客户分析,一个摄像头就可以大致归纳来店人群的年龄和性别区间,进而更深入地做相应的客户动向和行为分析。汽车集团戴姆勒(Daimler)设计开发了高度数字化的客户体验服务"Mercedes me"数字化平台,为客户提供自动预约与个性化的金融服务,也可以让客户与公司共同构思创意,以及从基于传感器的汽车状况诊断中获取维修保养数据,更便捷地在出差旅途或其他情况下享受戴姆勒的汽车共享服务和出租车服务。

　　所谓连接性,指 O2O 的产品通过移动互联网将在产品、商家、消费者之间建立连接,包括物与物的连接、人与物的连接、人与人的连接,所有这些连接将通过"云"来传递。产品是用户通过行为数据向"云"上的数据智能进行反馈、实现数据增殖和算法优化的端口,也是将"云"上的数据智能传递给用户、为用户带来价值的管道,而"云"则是数据聚合、算法计算的平台,它通过算法优化,更好地揣摩用户需求,提升用户体验。[①] 产品如果与其他节点不发生任何连接,便仍然属于传统行业,难以成为 O2O 产品。O2O 的产品不是独立的节点,一定会和其他节点发生连接。连接产

---

① 曾鸣、郭力、尼古拉斯·罗森鲍姆,《智能商业:数据时代的新商业范式》,《哈佛商业评论》,2016 年 2 月 22 日。

生了关系,关系就成了影响力,使数据有了人情味,关系越多越强,影响力就越大。O2O 的产品所要解决的问题就是如何建立连接与如何强化连接。移动互联网的每个节点背后都是用户,能够吸引这些用户的产品必有自身的卖点,而产品的卖点往往解决的是用户的痛点(详见"体验营销:痛点与喜点的巧妙设置)。连接建立之后,需要通过产品更新换代、促销推广、粉丝社群互动等动作,来持续不断地加强连接,增强用户活跃度,否则连接会越来越弱,以至于消失。

O2O 产品在人与物的连接性上做文章,实际上圈的是用户,做的是关系,经营的是粉丝和社群。凯文·凯利在《失控》中提到,一个群体的活跃性取决于群体成员的平均连接度。微信正是从连接人与人发展到"连接一切",有望形成全新的"智慧型"生活方式,传统行业可借助微信公众号+微信支付实现连接性,解决移动电商入口、用户识别、数据分析、支付结算、客户关系维护、售后服务和维权、社交推广等一系列移动互联网商业出路。2015 年 8 月拿到联想 5850 万美元 D 轮融资的时趣正帮助上千家企业打造移动互联网时代的核心商业模式:重度连接消费者。时趣可以把微博 ID、微信 ID、电商 ID 等用户的网上 ID 连接起来,追踪、记录其与企业的互动行为,进而通过自动化的方式不断抓取和累积数据,最终达到对用户的深入理解,从而提供个性化、智能化的整体营销解决方案。

有了数据化与连接性,O2O 产品有条件实现智能化,便具备了可进化的潜质。时下最时髦的外卖 O2O 卖的仅仅是盒饭吗？恐怕答案并非那么简单。外卖 O2O 线上支付、线下送货,搜集了有效用户数据之后,送外卖的同时还卖各种各样快消品,一开始是与快餐关联紧密的油盐酱醋、酒、饮料等食品,接着是洗衣粉、沐浴露等日用品。然后,每个订餐人必须打开的外卖盒子成了精准广告位,因为外卖 O2O 之前掌握了用户的性别、年龄、地址等信息。如此,O2O 外卖公司进化成了广告公司,广告能被多少人看到、用户是谁等数据皆可采集。于是,盒饭为 O2O 外卖公司提供了现金流的源泉,而饭盒广告位则为其创造了利润。在这个过程中,外卖 O2O 的产品从盒饭进化为快消品,继而化身为广告。未来还可能进化成为一个开放的配送平台,向其他领域扩张,例如如果与城区里的花店签约,可以送花,如果与药店签约,可以送药,这个平台可以帮助很多本地商家完善和延伸最后一公里的服务。

　　O2O 的服务业与传统服务业最大的差异即在于数据化与连接性。传统企业转型 O2O 要尽可能与消费者建立直接的连接、长期的关系,积累用户的性别、年龄、职业、地域、购买习惯等决定用户购买行为的数据,管理并沉淀用户,最终改善用户体验。如果 O2O 服务的频次够高、与用户的连接够紧密、客户数据化够充分的话,便不再局限于单一的服务项目,可向更多的产品和服务拓展,即将更多的产品和服务纳入数据化和连接性的特性。滴滴打车烧了很多亿,通过免费和补贴圈用户,其实他们做的并非只是帮用户打车或帮司机揽客。事实上,他们通过最大化的用户数据化之后,拓展到包括专车、拼车、校车、旅游包车等领域。从这个角度看,打车是一种教育用户的广告行为,他们的目标是出行的整个产业链。

像团购一样,O2O 出现了不少短期暴亡的项目,因为用户首次体验后没有出现重复消费。究其原因,无外乎是产品没能在数据化和连接性方面做到极致。例如,滴滴打车与 Uber 不同的抢单与派单机制形成了客户体验的差异化。Uber 为了让乘客最快获得订单,基于 LBS 技术进行就近派单,它基于乘客的位置和更短的 ETA(到达乘客的时间)进行计算推荐,使空车司机、接单中司机、可以顺路搭载的司机都处于候选项,从而减少了用户等待时间,使得运能更有效率,用户体验与黏性也更高。相较之,滴滴打车较早的抢单机制将叫车需求同时发送给多位司机,让司机自行接单,因为司机预知了用户将要到达的目的地,就使某些距离较短的用车需求得不到响应,用户体验降低。同时,某些司机因抢单速度较慢,常错过近距离的乘客。在滴滴打车的司机端 2.4 版产品中,抢单原则引入"距离为王",即当第一位司机提交抢单申请的数秒内附近其他司机仍可提交申请参与抢单,但司机与乘客之间的距离成为司机是否获得订单的主要标准,谁离乘客最近谁就可获得订单。

从美国到中国,O2O 发端于标准化程度较高、较易实现数据化的服务领域,例如送餐、开车、快递等,国内具代表性的企业有饿了么、滴滴打车等;这类服务通常可用标准化来衡量,以实现一致性为目标,以高频多次、消费随机、客户群最大化、低价低利为特点，但在差异化、个性化和定制化方面不足。随着 O2O 的纵深发展，随后演进到标准化程度降低、数据化程度更复杂的服务领域，例如美甲、美容、家政等，国内代表性企业有狸家美业（美甲、美睫、造型、美容等）、功夫熊上门按摩、阿姨帮、e 家洁、58 到家等；这类服务出现了差异化，以频次较低、单价较高、客户群窄众化为特点。未来 O2O 还会向标准化程度更低、数据化更复杂的服务领域蔓延，例如教育、心理咨询、健身、医疗、法律咨询等，这类服务追求的是个性化和定制化，以客户群精小、单价更高为特点。

从传统转型到 O2O，想要用户体验到差异化和人性化，必死磕数据化和连接性。水泥是一种传统产品，但墨西哥 Cemex 公司却通过数据化把这种竞争同质化的产品成功地变成了一种服务。该公司观察到，客户最在乎的不是价格，而是"交货准时、数量准确"的服务。之前 Cemex 公司需要 3 小时来交付水泥，且需要客户提前 48 小时下订单。之后 Cemex 向顾客承诺：保证在 30 分钟内将掺水即可用的水泥运送到墨西哥的任何地方，否则将给予客户 5％ 的折扣；此外，客户即使在运送中变更订单也不会额外收取费用。为了实现按时送货，Cemex 公司专门成立了信息技术部，并设立 CIO 职位，工厂的运作以及销售和会计逐渐实现了自动化。该公司还建立了一个卫星网络，以便把公司内部的所有数据传送到蒙特雷市公司总部，让总部实现实时监控。通过为每辆卡车装配一台计算机和一套全球定位系统，将这些车辆的位置与工厂的产量以及客户的订单连接起来,Cemex 公司不仅能够计算出哪辆车应该去哪儿,而且能够对途中的车辆进行指导以实现资源的优化配置。因为较好地实现了数据化和连接性,Cemex 不仅实现了水泥的准时交货,它还进化成为技术咨询服务商和具备融资功能的贷款服务商。

众包:产品由消费者参与生产

美国最大的 3D 打印机制造商 3D Systems 公司推出了售价 1,299 美元的自动化按键式机型,开放源代码的 RepRap 项目中驱动打印机的软件套件价格低至 400 美元,这样的价格即使最小的企业和家庭用户也有能力购买。Organovo Holdings Inc. 这家企业在使用 3D 打印技术制造医学实验室用的人体组织。未来,自行车店会根据顾客要求打印个性化车架并组装自行车,本地的汽车经销商自己就能打印出汽车的替换零件,或者用户在家就能打印出一个与家具匹配的花瓶……种种迹象表明,"制造业民主化"(democratization of manufacturing)行将到来,过去数千人从事大批量生产的大型工厂面临衰微,大批小型创业型企业和高度专业化的微型工厂将如雨后春笋般成长起来。

众包就是社会生产。先进的软件和通信技术可以精准管理制造业,与云计算相关的海量数据、电子传感器、微处理器以及其他元件的成本急剧下跌,这一切孕育了新的合作形式——众包。众包也是供应链的社会再造。网络零售巨头亚马逊推出了提供众包服务的平台 Mechanical Turk，企业用户可以数美分起价外包简单的计算任务，而个人用户则可通过完成某项任务获得小额报酬。

其实早在 1980 年，美国未来学家阿尔文·托夫勒就在《第三次浪潮》中预言，日益饱和的市场与激烈的竞争将迫使企业从大规模生产转向生产高度定制化的产品，生产者和消费者的界限将逐渐模糊，消费者将参与到产品的设计和开发环节中来，从而诞生了"生产型消费者(Prosumer)"一词，即 producer(生产者)和 consumer(消费者)的合成，消费者同时也是产品的创造者。彻底的 Prosumer 模式因互联网而生，只要用户创造的产品可以完全数据化，连上互联网便可以传输，最先适用的领域是信息业，因为原料和成品皆无需运输，例如新闻、交易信息以及虚拟物品。随着 O2O 时代的到来，传统企业如耐克、宝马、西门子等都在尝试用这种方式引入消费者的力量，以期创造出消费者想要的产品。

"众包效应"产生了一个新词："创客(maker)"，据克里斯·安德森描述，创客是使用数字桌面工具设计新产品，聚合设计创意、3D 打印、激光切割机、数控铣床等设备，制作模型样品，经互联网开源社区分享成果，进一步完善设计；创意设计既可使用桌面工具自行制造，又可传给商业制造服务商以任何数量规模制造①。与此同时，创业者通过互

---

① ［美］克里斯·安德森著，肖潇译，《创客》，北京：中信出版社，2012 年。

联网平台进行产品销售和吸引投资。即便短时间内产品销量不景气、外部投资匮乏,这种新型创业活动也不会招致毁灭性的风险,创业者可以调整方向重新出发。从营销的角度而言,创客使消费者进入了一种"参与式预售订单"体系,消费者可以参与设计与制造,产品出样后,消费者进行体验和试用,然后融入更多的消费者发表评论,最后再下单生产。预售体系实际上以客户为中心,把销售前置到了客户沟通体系,通过沟通进行销售。

克里斯·安德森认为,互联网有一种天然的民主性,"创客运动"的工业化,即数字制造和个人制造的合体,数字世界颠覆实体世界的时代正在到来。线下真实世界产业革命的基础是 3D 打印技术,它就像代码之于网络。3D 打印的普及会带来更极致的个性化生产和更巨大的长尾。用户不是仅仅使用产品,而是换着花样玩产品,消费者的参与感得到极大调动,产品粉丝和众包智慧应运而生,针对产品设计出的各种配件将形成一个生态系统。目前,全球有 1000多个可分享生产设备的"创客空间",且仍在以惊人的速度增长。数千个创客项目在 Kickstarter 等"众投"网站上募集资金,仅 2011 年,就有将近 12000 个成功的创客项目,募集了将近 1 亿美元[①]。同时,为创客提供服务的网络市场Etsy 也在逐渐完善,2011 年,将近 100 万卖家在这个网站

---

① 〔美〕克里斯·安德森著,肖潇译,《创客》,北京:中信出版社,2012 年。

平台上销售自己的产品,销售额超过 5 亿美元。

　　未来是建立在虚拟原则之上的网络公司与深深扎根于现实世界的传统产业的融合,O2O 成为时代发展的必然趋势,"众包"模式日益成为未来创造产品的重要方式。乐高就是一个实体产业如何转型 O2O 开展研发的例子,它使消费者成为产品的"开发者"。乐高公司发现,社交媒体的兴起令在线社区里涌现出极具创造力的群体,于是免费支持该社区的运营,并建立了一个平台"Cuusoo",鼓励消费者分享创意,在线提交项目;而用户则可以点击"支持"按钮选中自己喜欢的项目,点击支持率达到 1 万次的项目将获得乐高的"可行性备选产品评审"。目前,已经有 5 种消费者自己设计的新产品上架销售。

　　传统企业的生产方式有时会受制于规模过大、专业性过强和成本过高的限制,相较之,众包的生产方式则规模庞大而灵活,成本较低,甚至可能无需分文。美国人麦德奇和保罗·B·布朗在《大数据营销》中提到,他们在 Odesk 网站发出编写 WordPress 程序员的招聘后,一夜间收到来自全球 27 个国家的程序员的应聘,他们选择了一位测试最高分的编程员,于是他们的博客网站一周之内编程且安装完毕,只花了 500 美元[①]。《埃森哲 2014 年技术展望》指出,无论是数据输入这种简单任务,还是工业设计这类复杂工

---

　　① 麦德奇、保罗·B·布朗著,王维丹译,《大数据营销》,北京:机械工业出版社,2014。

作;无论是整个项目,还是其中的一部分;无论是直接支付报酬,还是提供奖金等激励,企业都可以通过脸书、推特等社交媒体和众包平台等数字化工具联系到外部专家团队。

营销人应注意到,这些外部的扩大化"员工队伍"常常是企业潜在的客户,企业原有的营销模式因此发生颠覆,公司与消费者之间的界限逐渐模糊。消费者可以直接发声,供应商也可以直接沟通,了解客户怎么看待、使用和消费其产品。消费于是成为生产的一部分,或者说是公司经营过程的一部分,企业的生产过程融入了市场营销。借助适当的模型和数字工具,企业还能前所未有地精准预测市场对其产品和服务的反应。

小米用短短四年时间做成全球第三大手机厂商,得益于粉丝参与用户体验的产品经理模式,上百万的粉丝免费做产品经理,做用户体验测评员。粉丝作为产品的参与者和裁判员,参与每周固定升级迭代机制,每周二开放四格体验报告,选出本周最喜欢和最不喜欢的更新程序。小米鼓励工程师与用户建立直接联系,通过 MIUI 论坛、新媒体平台如论坛、微博、微信、QQ 空间、百度知道、贴吧和基于"xiaomi.com"的预购系统等,粉丝不仅可以随时跟踪小米的开发过程,及时提出反馈意见,还能在系统内进行营销,因此小米当天发放的手机通常会在几分钟之内销售一空,随后货品最快于当晚即可到达消费者手里,最晚也会在两天之内完成配送。这样的供应链再造较之传统手机厂商层层铺货的销售方式,其营销效果更精准、销售数据反馈更及时、生产计划的风险大大降低。

众包作为品牌营销手段,在小规模内非常好用,耐克和阿迪达斯公司都已提供个性化定制运动鞋业务。化妆品品牌芭比布朗在脸书上做过一场"众包"特色的促销活动,该公司的CEO在公司的脸书墙上上传了一个视频,邀请近25万粉丝从最常被使用的10种唇彩颜色中选择一种最喜爱的颜色,网上投票活动涵盖了该公司美、英、韩、日、德、澳6个销售渠道国家,而根据本次活动粉丝投票结果而生产的产品只会通过脸书渠道独家出售。苏宁云商集团搞苏宁众包,以苏宁O2O全渠道为核心包销载体,针对中国海量的创意理念、创新设计,整合需求定义、工业设计、产品研发、大数据/云服务、内容服务、金融孵化、生产制造、质量管控、品牌许可、市场推广、销售渠道、物流管理、售后服务等全产链众包资源,提供从创意—作品—产品—商品—用品各个转化阶段所需众包服务解决方案的共创、共享、共赢的资源整合平台。"美图手机"是凭借苏宁外包成为畅销产品的典型案例。苏宁通过深度大数据分析,直击"美女爱自拍"的特点,与软件制造商美图秀秀联手精准定制,通过苏宁线上线下的全渠道推广并全部包销。

未来:云市场—云物流—云定制

互联网对传统行业的改造在于将销售环节搬上互联网,而移动互联网对传统行业的改造则在于深入产业链的各个环节，从研发设计、生产制造、最终销售、客户反馈到客户关系管理。这些年着眼于供应链管理的 ERP（Enterprise Resource Planning）技术的确加强了供应链的快速反应，提升了品牌的竞争力，但是仍然属于由生产推向需求的传统方向，而未来将由需求端反向推向生产，从而带来产品生产方式的重大变革。

与 O2O 相关的产品必然具有数据化和连接性的特点，总有一天一切产品和服务都可以数据的形态进行商品交换。商品交易向数据交易进行转化，而数据交易的市场将是一个云市场[①]。云市场的产品都是数据产品，无论消费者购买家用电器、快速消费品，还是购买按摩美容、医师诊疗，这一切都可以数据化。因此，产品供应商需要将产品数据化，进而将数据产品供给云市场。产品是一种包含了"云"的智能和"端"的体验的完整的互联网服务，它是数据智能和商业场景紧密融合的最终载体，成为商业运营的关键。[②]

物流方式将从传统的人员配送转化为云物流[③]，当 3D 打印机广泛民用之后，生产车间可以移到消费者的家中或者本地社区服务点，所谓云物流便是将云数据下载到 3D 打印机上，产品由 3D 打印机就地生产。目前领先世界的

　　① 板砖大余、姜亚东，《O2O 进化论》，北京：中信出版社，2014 年。
　　② 曾鸣、郭力、尼古拉斯·罗森鲍姆，《智能商业：数据时代的新商业范式》，《哈佛商业评论》，2016 年 2 月 22 日。
　　③ 板砖大余、姜亚东，《O2O 进化论》，北京：中信出版社，2014 年。

物流"达人"美国零售巨头亚马逊已经用机器人替代人工完成仓库货物的搬运、快递分拣,并且开始采用无人机进行快递投递。目前,中国的快递总量已经跃居世界第一,但这些快递主要靠"快递哥＋电动车"的原始模式来运转。

传统的购买选择局限于企业提供的有限货品及其规格,而未来的云市场则充盈了可以满足消费者个性化需求的数据产品,消费者可以根据自身的特点在云上下单,定制专属产品。用户行为通过产品实时反馈到数据智能的"云",产品借助互联网的巨大能量成为数据智能和用户实时互动的端口,商家可以凭借敏捷迭代的算法引擎精确满足客户的需求。① 实现云定制、云市场和云物流的前提是产品先行一步实现数据化和连接性,这将伴随着大数据采集处理的便捷和云计算的发展完善。

目前,国内有些企业已然开始供应链的改造,尝试按需生产模式。从客户的需求出发,在需求的源头采集最精准的数据,然后利用信息系统将这些数据直接传输到后台的制作流水线上,通过自动化的生产线和快速反应的"供应链"完成制造过程,并以最快的速度递送到客户手上。美特斯·邦威通过供应链系统的逐步上线从一家拥有2家工厂、数百名工人的制造企业,转型成没有一台缝纫机,只有供应链系统、品牌运作和研发设计的"虚拟企业",打造了可

---

① 曾鸣、郭力、尼古拉斯·罗森鲍姆,《智能商业:数据时代的新商业范式》,《哈佛商业评论》,2016年2月22日。

以与耐克相媲美的"虚拟经营"模式。奥康集团推出了"量脚定鞋机",设想开办不摆鞋的专卖店,店内无需陈列样品,只要顾客踏上机器,就能采集到脚形的各项数据,款式可根据客户喜好,定制独一无二的皮鞋。

云定制是一个将设计师、企业、供应商、加盟店以及消费者等集于一体的平台,平台上的每一个网络云端都有自己的质量标准,从设计到销售的整个流程中,标准和检测都如影随形。云定制是一块新兴的潜在市场,它从消费者的需求出发,可以满足他们的各种特殊需求;从生产能力而言,订单交货周期极大缩短;从供应链的角度而言,根据订单数量安排生产,不会产生浪费,消除库存烦恼;从现金流角度而言,收账款周转时间大大缩短。反观传统供应链,特殊顾客的特殊需求常常得不到反馈和满足,倘使能够被反馈到生产流水线上,设计部门调整图样,增加新型号,然后调整机器参数,完成生产后通过补货到达门店,这个过程最短耗时 15 天。恒龙尝试用云定制对从前"裁缝铺式"的传统服装定制进行转型升级。高级服装云定制的转型就是通过 3D 人体测量系统,获得顾客的人体数据,并根据客户的喜好进行修改,确定电子订单后,进行服装设计、制版和生产。

3D 打印技术最理想的应用是在云定制领域。O2O 产品研发主要基于数据化的解决方案,生产则分散在全世界的终端即云生产终端或家里。现在的消费品通过电商平台订购,是以实物形态通过快递送货上门的。O2O 的深入发展将使 3D 打印机进入寻常人家,即使以实物形态存在的产品,例如开篇提及的花瓶,也能通过在线传递数据包,在 3D 打印机上打印出来。2015 年初,更是出现数幢使用 3D 打印技术建造的建筑亮相苏州工业园区。美国生产 3D 打印机以及 3D 打印机组装套件的 MarerBot 公司已在纽约开设零售据点。线上服务商如 Ponoko、Sculpteo 与 Shapeways 也开始接受一般消费者订做,根据艺术家或其他人士的设计或个人需求制作 3D 打印物件。未来创造营收的新商机是,除了销售 3D 打印机与耗材,云物流商还可设置服务站来打印定制化商品或目录商品的个性化版本。未来还可能出现全功能展示车,它在各个零售据点向消费者当场展示物品如何一点点成型。

产品战略:单品海量 VS. 多品微量

依循传统的水果销售模式:原产地—经销商—水果商—消费者,荔枝必须提前采摘不熟的果实来完成跨地区供应。顺丰看到可以利用荔枝这一单品讲好"保鲜"故事的机会。2013 年 5 月至 7 月短短三个月,荔枝这一单品给顺丰优选带来了近千万元的销售额。顺丰以荔枝这一单品打造爆款来引流,无需广告轰炸或价格恶战,其间卖点是彰显顺丰速运在冷链、物流环节的独特优势,电商平台直接对接原产地,缩短整个供应链。显然,荔枝这一单品的做法还可复制到其他品类上,比如橙子、牛羊肉,成为顺丰优选持续推广拉新的有效方法。

　　与单品海量相对应的产品战略是多品微量,二者各有利弊。"多品微量"能满足消费者的多层次需求,通过产品组合布阵打造品牌,企业投入重头首先放在多品研发上,然后靠广告、促销、推广、公关等打响品牌知名度,以形成品牌美誉度,企业成长虽然较慢,但是可以人为中心搞社交营销,通过持续推出多个产品实现持续运营。海量一定会带来大流量吗?从"有范"这款 APP 展示的数据上看,阿迪达斯品牌上架的单品仅有 116 件,但其浏览数超过了 9 万次;而美邦及其子品牌 ME&CITY 共上架单品近 4000 件,浏览数却仅有 7 万次。① 相较之,"单品海量"虽然在市场调研和设计上费时,但总体研发成本较多品微量战略占比仍然更低,而且生产相对占用较少时间,在采购和生产环节可望产生规模效应,企业可将更多资源用于渠道建设和品牌推广,用爆款迅速进入某个行业。

　　采取哪一种产品战略,取决于企业的自身规模、发展阶段和整体战略。重点在于,不能在短期内游移于两种产品战略之间,造成企业资源的浪费,贻误抢占先机的窗口期。"爆款"是适用于两种战略的抓手,它是能够在短期内获得较高销量的单品,是多品组合中的"拳头产品"。移动互联网时代的消费者受限于智能硬件的界面与碎片化的时间,

　　① 张书乐,《从年净利润超 10 亿沦落到亏损,美特斯邦威还"有范"吗?》,虎嗅网,2015 年 10 月 12 日。

耐心更差,不愿长时间参阅和面对过多选择。这种现象使因互联网电商而生的"爆款"理念在移动互联网时代将得到更精进的发展,同时"爆款"的生命周期也会更短。移动互联网时代讲求单点切入,以点带面,成功打造海量爆款后,杠杆利用它带来的高流量,要么以新单品更迭,要么带动高毛利的品类,提升企业流量,多品呼应塑造成为一个生态系统,最终实现对用户的品牌输出。

爆款是 O2O 时代的敲门砖,笔者认为"三快"是核心,即快速迭代、快速传递、快速响应。

移动互联网用户的需求变化速度较快,爆款的生命周期较短,必须快速迭代,不断打造爆款,以满足用户不断变化的需求,同时不断刺激用户产生新需求。线上品牌尤其在时装行业打爆款牌是常规的营销战略,如快时尚 ZARA可以做到 15 天内完成设计、生产和交付,多品微量战略使它形成快速供应链+低库存;在餐饮业有"叫个鸭子"、"黄太吉煎饼"等把单品类菜品做成"爆款"的不少成功案例。生活服务类 O2O 案例"e 袋洗"在产品改进和服务流程优化上快速迭代,在短期内 e 袋迭代了五个版本,APP 更新了六个版本。

打造爆款可以在较短时间内迅速满足客户需求,有助于降低供应难度,加快传递速度。按需服务的送餐 O2O"Sprig"每天仅提供 3 种套餐,同时遵循"快速迭代"法则每日更换菜谱,分片区配送,热腾腾的现做饭菜 20 分钟内送上门。

　　爆款战略有助于供应链扁平化,便于商家对用户需求做出快速反应,及时增减 SKU 数量。零号线的外卖状元零品牌"马小马"建立了快速反应机制,实时掌握套餐畅销与滞销情况,次日及时调整;同时紧追公司白领圈的热点话题,推出应景套餐,曾在《后会无期》上映期间推出限量供应的同名套餐,随机赠送韩寒签名等电影周边产品,将套餐打造成爆款。首席惊喜官是苏宁推出"快速响应的"营销形式,只要消费者在微博上提出心愿,苏宁的首席惊喜官次日就有可能帮助实现,伴之以每天不重样的百万实物奖品、免单资格、港澳游、特斯拉接送等各种活动,让消费者感觉像是一个专属的定制游戏,与生硬的推广促销相比,这更容易让消费者感受到个体关怀。Caseable 公司提供两种笔记本电脑收纳包,但是可供选择的样式和颜色组合高达 2 万多种,可对用户需求做出快速响应。

　　打造爆款不乏失败案例。凡客在单品海量与多品微量两种战略之间摇摆,从卖衬衣到做大而全的电商平台,再回归小而美的自有品牌,后又尝试电商平台 V+,对其自有品牌形成了干扰。2013 年把原有 19 个品类缩减为 T 恤、衬衫、帆布鞋、羽绒服等 7、8 个品类,商品 SKU 数量从最多时的 19 万个锐减到 2015 年 7 月的男装 417 款、女装 563 款。爆款战略需要在每个品类里快速地持续地推出新单品,不断刺激消费者热点,打造爆款。但是,凡客在 2014 年 8 月押宝"一件衬衫",2015 年 4 月推出"一件 T 恤",2015 年 7 月推出新款帆布鞋,这种迭代速度在如今的服装行业里极易出局。服装如果迭代不够快,缺乏个性化选择,容易发生撞衫,况且凡客的每件服装之间未能创造出连接性。讲到快速传递,凡客曾经是第一家允许顾客试穿,上门取退换货的快递,给用户带来了良好的送货体验,其物流速度曾在2012年的电商数据里位居第三。但是,随着凡客卖掉如风达快递,它失去了快速响应顾客需求的媒介,断送了重要的核心价值,快速传递和用户体验也无从保证。

体验营销:痛点与喜点的巧妙设置

能消除消费者痛点的产品,就有卖点。所谓"痛点"可分为三类[①]:第一类是人类与生俱来的劣根性,例如人类的七宗罪:淫欲、贪婪、饕餮、懒惰、嫉妒、傲慢和暴怒,而洗车、外卖、盒饭、家政、婚庆等本地生活服务正好解决了人类懒惰的痛;或者某些欲望未能得到满足的难受,这种难受常常经过外界刺激而有所强化,例如思乡、恐高、惧血、窥探隐私、八卦欲等。成功击中这类痛点的产品,要么消解了痛点,要么弱化了痛点。第二类是体验过某种产品后,如果不买会难受,会有不满足感,可谓欲罢不能。喝惯可乐的顾客了解,不断去文身的顾客了解,玩过网络游戏的顾客也了解。第三类是在购买过程中微"痛"一下,如此使得顾客最终获得产品时,强烈地对比出愉悦感来。例如,购买苹果新

---

① 马湘临,《痛点营销》,《企业管理》,2014(10)。

品时总得大排长龙,甚至于凌晨在店外搭帐篷占位。这类痛点是有意设置的,它有时是因为企业资源稀缺所造成的,企业为了将有限的资源聚焦在最具竞争力的产品上,只好剔除了某些附加服务。如果顾客体验到的痛感远远小于获得产品时的满足感,那么顾客就不再计较这其中的痛。

进行产品设计的时候,如何寻找痛点? 在以上人类最原初的欲望里去找。例如,"曝工资"这款软件抓住了人类窥探他人隐私却不愿被发现的欲望,它可以让用户匿名曝光自己的工资,又可以让用户查看其他用户上传的工资数据。该软件上线半年即积累了 120 万微信粉丝和 30 万APP 用户,每天有将近 9 万次的查询记录,能提供约 20 万家公司、1300 万条工资待遇信息。

企业现在所面对的目标群体已经极其细分化,某些细分群体存在某些一生都难以摆脱的痛点,例如,丢小东西、怕抽血、恐高等等,企业可以用一种盈利的方式去化解这些细分群体的痛点,从而将痛点转化为价值增长点。小米遥控器这款应用可以将顾客的安卓手机或者苹果手机变成小米盒子、小米电视的遥控器,只要手机中安装了小米遥控器应用,并与小米盒子、小米电视在同一个网络环境下,小米遥控器就可以控制小米盒子、小米电视。这款产品的创新在于抓住了人们容易丢东西的"痛点",很多顾客竟然是因为常常找不到遥控器而买小米的。一度估价 90 亿美元的Theranos 公司抓住人们"怕抽血"这个痛点,发明了抽血不痛、收费低廉的血液检测方法,只收取医保和医疗补贴标准费用一半不到的价格，抽血时只是感觉被敲了一下。而这种只有通常百分之一到千分之一的抽血剂量却可以完成30 项血液检测。于是，Theranos 用这种低廉易行的检测方法获得了人们血管里的大数据，使人们以史无前例的方式了解自己的健康情况，可以有的放矢地预防各种常见疾病。

传统干洗店存在很多痛点，比如用户送洗衣服的时间受限、很多时候机器是空闲的、加盟店倒闭导致用户会员卡服务无法兑现甚至难以追款、总部对加盟店解决纠纷的管控力度有限等等。针对这些痛点，在线洗涤服务公司泰笛洗涤提供 24 小时免费上门取衣、送衣服务，用户只需通过手机 APP 下单预约，即可享受在线洗衣、洗鞋、洗包、洗护奢侈品、居家用品等一站式洗涤服务，可自主安排上门收送衣物的时间，洗后付款。

老子曰："有无之相生也，难易之相成也，长短之相刑也，高下之相盈也，音声之相和也，先后之相随，恒也。"意为相反的事物常常相伴相生，因彼此的衬托而存在，因彼此的存在而长久。企业无法也无需一味地满足顾客的所有需求，一个品牌只有拥有自己的个性与独特价值，才能保持对消费者可持续性的吸引力。有痛点的存在，才彰显出喜点的价值，成功的营销不仅能洞悉顾客群的痛点所在，而且能匹配与之平衡的喜点，拿捏得当其中的分寸与尺度从前依靠长期的经验积累，现在很多企业开始借助于大数据进行分析与匹配。

体验营销讲究"触点"设置，这其中包括制造体验中的

"喜点"与"痛点"。痛点设置最典型的案例是西南航空的无餐航班、苹果发布新品的排队、宜家的 DIY，它们都是在促销过程中，企业自信地设置的痛点体验，可是，别忘了企业还匹配了"喜点"，即客户在感受之前无法描述而感受之后才惊喜地发现这才是他们真正所需要的体验，它使客户最终原谅了企业的痛点设置。例如，西南航空机组人员幽默风趣的服务与廉价的机票、苹果门店专业的售卖服务和第一时间拥有苹果新品的兴奋感、DIY 宜家家居所产生的成就感。当消费者经历"痛"后，才能与感受到的惊喜和愉悦产生对比，使人们的愉悦体验更加明显，同样的愉悦就会变得更强烈一些，企业也会因此而节省资源，摆脱束缚。

以场景为中心

移动互联网时代的服务业可以通过智能设备快速匹配个性化的需求和供给，实现基于地理位置的沟通和服务，这是 PC 互联网时代无法解决的问题。在移动互联网时代，了解消费者场景的途径不再只是电脑、键盘或鼠标，代之以声音、触摸、二维码、谷歌眼镜甚至虹膜等，它使在互联网时代一度受缚的极老极少消费者得到了解放，少至一岁婴孩，长至八十老妪，都可以无需学习即进入数字世界。"场景"成为连接数字世界与现实世界的关键词。

如果说互联网时代是流量为王，那么在移动互联网时代，能让产品话事的则是场景。企业开发新产品时，必须充分考量消费者工作、通勤、学习、娱乐、社交等时间和空间，基于消费者具体、特定和鲜活的场景，挖掘产品的痛点，满足这些场景中的需求。研究消费者场景可以发现新的产品机会，制造消费者场景可以开辟新的产品空间，展示消费者场景可以驱动消费者的购买行为。场景挖掘是目前大有可为之地，而未来将会在场景制造和场景植入上产生新的增长点。我国开发的 APP"随便走"解决了"步行"场景下找路的痛点，它通过调用手机中的 GPS、陀螺仪传感器及手机摄像头，能实现实景导航，还能算出用户当前位置与目的地经纬度的差值，融入当前的实景环境给出前后左右的方位指示，用户可以"傻傻"不用判别方向了。

纯粹的电商为何纷纷走 O2O 之路，因为线下仍然有互联网的世界无法取代的场景体验。万达、腾讯、百度三家结合的万达电商是一个结合场景实现线上线下互动的案例。万达有商业地产和实体商铺等线下场景设施，腾讯有以微信为核心布局的移动入口，百度有移动搜索、应用分发和 LBS 服务，百度与糯米的成功整合使之成为移动生活服务第一入口。以场景为中心设计产品的核心便是满足消费者即时当地的需求。换言之，场景化针对的是实时的、与消费者位置高度相关的消费行为，为消费者提供与所处场景密切相关的移动互联网服务。因此，场景互动把附近两三公里的人群锁定为最重要的目标用户。在万达广场逛街，拍下某位女孩子的裙子，就能知道在万达哪家店有卖。

消费者所处的场景，包括位置、时间、活动、季节和天气都将在很大程度上影响消费者要做什么或要买什么，根据这些场景发送信息将大大提高响应效率，产生定制感，增强黏性。营销信息如果走出抢夺眼球的怪圈，而是关注消费者"当时当下"的直接环境和重要意图，营销效率将成倍提升。消费者特定的生活场景纳入了产品和品牌考量要素，一旦场景发生变化，消费的产品甚至品牌就会发生变化，请女友吃饭的场景显然与单身汉吃工作餐的场景大有不同。

　　全球科技创新记者罗伯特·斯考伯提出构成场景的五种技术力量："五原力"①，即移动设备、社交媒体、大数据、传感器和定位系统。可以预见，"五原力"将贯穿在 O2O 商业的六大场景之中：办公室—办公区—途中—社区—家—娱乐健身场所。新一代移动设备—穿戴设备如谷歌眼镜、Pebble 智能手表甚至是电脑袜子将像传统渠道商一样，通过带来顾客而获得佣金。它不仅将知道消费者在哪儿，还知道消费者是在室内还是室外，是在开车、步行还是骑行，是吃饱了还是饥饿了。

　　一家以色列公司 PrimeSense 的立体传感器甚至可辨别出人触碰物品的力度，另一家阿根廷小公司 Shopperception 内置了 PrimeSense 立体传感器的面板，可以安装在产品零售区上方的天花板上，传感器能够看到每位顾客查看了哪些产品，在哪里停留，哪些产品放进了购物车以及完成

---

① 〔美〕罗比特·斯考伯等著，赵乾坤等译，《即将到来的场景时代》，北京：北京联合出版公司，2014。

以上动作所花的时间。它运用场景技术充分了解店铺每一英尺的价值及其位置和布局对顾客行为的影响，沃尔玛因此获知最忠实顾客何时到店、此前的购买习惯和购物路线，据此为顾客经常购买或可能购买的产品提供特价优惠。

利用 LBS 定位设计的 APP"今夜酒店特价"，可帮助旅者在晚上六点以后就近寻觅实惠酒店，这种模式利用移动互联网技术匹配了特定场景中的消费者和酒店当天未能成功售出的尾房，使四、五星酒店的房价堪比汉庭、如家等经济型酒店。定位服务的鼻祖 Foursquare 定位社交网站允许用户根据自己的位置进行"签到"。超过十亿次的"签到"为公司提供了惊人的超大数据库，以此洞察顾客位置和购物喜好，不仅可为消费者提供周边商家的特价商品，甚至会根据顾客的个人爱好提供服务，根据顾客滑雪的速度计算出到达旅馆的时间，顾客所钟爱的爱尔兰咖啡已经准备好了。

"以场景为中心"除了能诞生很多全新产品，还赋予产品更强的体验，让人与产品从关注到体验延伸，让人与品牌从曝光到交互。"以场景为中心"的产品体验是个性化的、智能的，随着时间与地点适当变化，使用越久，顾客越被了解，得到的关怀越体贴。使用 Uber 车辆的顾客到达目的地可以直接下车离开，Uber 根据顾客的信用卡信息自动扣除包含 20％小费在内的费用。Uber 建立了一个预期系统观察顾客的行为模式，随着时间的推移，系统了解顾客所习惯的叫车时间和地点。车辆会在顾客需要的那一刻出现在顾客眼前,或许在顾客发信息前就已经到了。

(新)产品"以场景为中心"涌现出了独特的场景营销术。电商"一号店"曾在北京和上海尝试 O2O 模式的"虚拟超市",它利用商务区和地铁这些人流穿梭的场景,设置含饮料、零食等日常快消品的广告牌,消费者只要扫描每件商品的二维码,即可用手机下单,确认数量、地址,支付后这些快消品当天就能送达,利用了上班族的碎片时间,提供了营销效率。

"饿了么"利用其快餐受众与分众广告受众的叠合,在分众广告的场景中推广新品。用户可用手机连接由分众生成的"饿了么"免费 Wi-Fi,输入手机号即可获得"免费午餐"抵用券,接收短信即可下载"饿了么"APP。这让"饿了么"成功送出 20 万份"免费午餐",一举网罗大量用户群。

VinTank 曾是一家红酒用户数据分析公司,结合了场景技术后,它进化成为一家销售服务商,一开始为 25 家酒厂建立地理围栏,当喜欢"作品一号"的人士在附近驾车、住宿或吃饭时,VinTank 就会告知酒厂,酒厂随即发送一条个性化定制的电子通知或短信邀请游客参加私人藏酒品尝活动。[①]

比利时知名啤酒 Stella Artois 结合增强现实(Augmented Reality)与 LBS 技术,做了一个 APP "Le Bar

---

　　① 〔美〕罗比特·斯考伯等著,赵乾坤等译,《即将到来的场景时代》,北京:北京联合出版公司,2014。

Guide"。用户开启摄像头对着街道,就能看见离自己最近的酒吧,包括地址和名称,而且将手机往地上拍摄,还会出现箭头符号,引导一步步走到酒吧。

品控:产品的两极分化

品控即产品控制,是对产品制成的质量控制,包括从原料把控、生产加工、产品制成、成品检测、成品入库以及售后质量的跟踪解决等全程质量控制和管理链。在传统时代,这条管理链上的各个环节常常倚靠行业标准,而 O2O 时代则面临很多新的课题,品控的复杂度大大增强。

O2O 时代的品控涉及到物流速度的敏感度。互联网时代的电商行业火拼物流速度,京东"一日四送"的"极速达"宣称 3 小时内送货上门,而在上午 12 点前在苏宁易购网站上下单,最快下午 14 点即可收到商品。亚马逊推出的 Prime Now 服务,提供一小时内送达啤酒、葡萄酒和烈酒的服务。这种速度已经令人瞠目结舌。但是,一旦涉及到生活服务类 O2O,一盒外卖如果让顾客多等 10 分钟,就会面临被"删除"的危险。除了对物流速度的敏感,O2O 品控还有对温度的要求,顺丰速运一路冷链物流,确保荔枝的新鲜度,而外卖快递哪里敢有一盒冷饭送到消费者桌前呢。

O2O 品控还面临一个无法回避的要素:个体差异。互联网时代的电子商务运营很多倚靠机器,包装、仓储、出库等在亚马逊的库房里甚至实现了机器人管理;而生活服务类 O2O 把人推到了前台,长处是提供人与人之间的互动体验,但是体验所涉及的视觉、听觉、嗅觉、味觉、触觉、幻觉等感知体系,实际上存在不容忽视的个体差异。因个体差异而产生的需求和感知也是多种多样的,在传统的工业体系结构里,只能关注于长尾头部的大众需求,而数量庞大的长尾需求一直被压抑了、被忽视了。O2O 恰恰是以满足其实一直存在的长尾需求的个性化体验为生命线的,因此,千差万别的感知体系的差异是 O2O 品控无法回避的问题。况且,随着移动互联网创造的体验扩大化,现在的消费者的体验需求比以往更加苛刻,因为智能设备能让消费者见识到更多的产品和服务,还能筛选、储存、对比更多更广的信息和知识。个性化的产品将需要多巨量的驻厂技术工程师来完成生产工艺的校正和产后检测程序呢?

因此,O2O 将会加速产品的两极分化,第一类是长尾产品,不低于行业平均水平的非标品,面对的是价格并非第一敏感的顾客群,他们讨厌同质化,追求个性化、小众化,产量呈碎片化,因创意度较高,利润率较高。若是涉及到个性化服务,服务过程的每个环节仍然有设置品控要素的空间,品控的方式则是实现服务品质的稳定性,保持品牌的整体个性,企业对每位接触顾客的前台工作人员进行上岗培训和客户满意度回馈。

第二类是长尾头部产品,是达到行业标准的标品,较容易实现数据化,为了满足大多数消费者的普遍性需求,差异性越来越小,利润越来越薄。O2O 逼迫传统鱼龙混杂的产品和服务走向标准化。索迪斯公司的一份盒饭里饭的克数、蛋白质的含量,荤素的配比,都有具体的标准;擦桌子、擦玻璃也都形成标准的作业流程,顺序、手势、工具、干净的标准等,都要经过反复培训来达成标准化的服务。[①] 天天果园从新西兰购置了国内第一条柑橘类自动分拣生产线,通过摄像装置、红外探头和称重器,根据橙子的颜色、形状、大小和甜度,以及是否存在缺陷,进行分拣。烟台电商商会副会长张大发给樱桃制定了标准,其团队会去现场进行采摘、分类和包装的监控和指导,樱桃会根据大小被分等级,一般两毫米一级,不同等级匹配有阶梯式定价,在给本来生活网、京东等电商平台供货的过程中,这种标准逐渐为业界所认可。

非标品可以分阶段通过不断深入细节数据化,逐渐向标品转化。第一阶段建立移动商务的服务体系,实现供应链的标准化。例如,"支付宝未来医院"将诊前、诊中、诊后的全流程分解为线上线下两部分,通过互联网在线完成电子处方、就近药物配送、转诊、医保实时报销、商业保险实时申赔等环节,提高就诊效率。由支付宝完成的线上部分:挂号、候诊、检查缴费、取报告、药品缴费和医患互动,由医院完成的线下部分:问诊、检验、诊断和取药/治疗。索迪斯在中国从 2011 年起不再专业卖盒饭,而是把服务扩展到所有可以量化、标准化、劳动密集型的后勤服务[②],索迪斯从低

---

① 薛西,《卖盒饭的世界 500 强》,《商界》,2015 年 10 月 12 日。
② 同上。

端的劳动密集型服务发展到高端的精密服务,得益于它在主业基础上锤炼出来的打造标准化供应链的核心竞争力。日本生鲜产品 O2O 企业 Oisix 是通过供应链的标准化来实现农产品品控的,它与日本国内 1000 余家农户通过"订单"形式,由农户向该平台提供有机栽培或低农药栽培的农产品,但农户必须由合作组织制订生产计划,按照标准生产,遵循全程质量追溯体系,对农产品统一进行质量检测、归类筛选、分级包装、打印条码,然后统一储藏、运输、配送和销售。该平台上销售的每一件商品都详细地标注了食品的名称、净含量、原产地以及种植者的姓名及相关信息。

第二阶段是通过互联网在线完成服务环节的数据化。上门汽车保养 O2O 博湃养车根据汽车保养上门服务的特点自主研发了 ERP 系统,合理支持分单、派单和时间的分配,系统以效率最优的算法自动生成订单地图。同时,在拓展城市里建立零配件仓库统一管理和统一调度,通过系统匹配最近的技师,由专门师傅从仓库派送零配件。索迪斯为北京某医院专门开发了病员营养餐 IT 管理系统,将医院营养餐由手工记录医嘱转为自动化和移动终端管理。医生、临床营养师、配餐员及采购员都能及时了解住院病人的最新治疗与饮食记录,读取他们的身体参数,降低服务错误率。①

---

① 薛西,《卖盒饭的世界 500 强》,《商界》,2015 年 10 月 12 日。

第三部分
O2O 定价分野

周五晚或暴雨天往往是都市人的打车噩梦,在路边苦等一个多小时还叫不到车。Uber 觉察到这些"未满足的需求",当用户等待时间呈现较陡峭的上升趋势时,便会触发智能的动态定价算法,适当提高每次乘坐的单价,此举增加了出租车的供应量,原来"未满足的需求"成为被征服的市场份额,这便是 O2O 时代通过动态定价实现的即时营销。

营销分非价格营销和价格营销。非价格营销如产品(质量、样式、包装和售后服务等)、渠道(线上与线下)、推广(广告、公关、整合营销等)等都会因成本的升降,最终体现在价格上,所以定价是营销的重要形式,价格本身也是重要的营销内容。现代营销学之父菲利普·科特勒说:"你不是通过价格出售产品,而是出售价格。营销是通过产品把价格卖出去。"

定价可以帮企业实现产品定位。苹果手机以四千元以上的价格定位为科技"潮"品,同定在该价位段的还有三星和 HTC,主要针对考虑品牌溢价的用户。小米通过两千元左右的价格成功地定位为"屌丝机",瞄准了追求高性价比的用户群，酷派和魅族也在此间。而华为 Mate、努比亚 Z9 则定位在两千至四千元之间的市场，针对的消费群体在乎设计、创新和品质，并不过多考虑品牌溢价。

定价还可对企业的产品结构进行布局，有的产品用来引流，有的用来赚钱，有的则用来提升品牌形象。在淘宝店铺里一般有 10％左右的产品用来引流，这些产品主要是给客户创造"超值"的感觉，吸引顾客的注意力和购买力，企业可以用它设置关联促销，促使顾客购买其他产品，有些产品甚至低价买了它，顾客还得高价买别的配套产品才能使用。同时，还有 10％左右的产品是高一档价格的，用来提升品牌形象，瞄准的是向往高端产品的优质客户。

恰当的定价是营销利刃，反之，定价不当可能导致产品滞销。而在 O2O 时代，定价的复杂性超过以往，企业无论是从线上攻往线下，还是从线下反攻线上，都面临着不同的销售环境、渠道结构和生存法则，乃至产品的定价难题。而且，O2O 时代定价的技术性出现了新的动向，传统的成本导向定价、需求导向定价、竞争导向定价被赋予新的内涵与能量，市场上涌现出动态定价、反向定价、身份定价等新兴定价模式，同时也出现数据货币、手机支付等有别于传统线下的支付手段。

垂直电商和转型企业的提问：参与价格战？

京东、天猫等电商平台每年在 10 月 10 日"双十大促"

和 11 月 11 日"双十一"启动价格战,争相 PK 谁价最低。而每逢中秋、国庆、春节等节庆临近,苏宁易购、国美在线等 O2O 平台依托"线下实体店＋线上电商＋移动终端",大手笔挺进价格战,国美曾祭出 28 亿元巨额免费"红包",要求线上线下商品的价格必须低于京东。

价格战看似无往而不胜,再强大的商业模式也难以抗衡,微软公司通过向市场免费提供网络浏览器,获取了市场份额。Uber 一度愿意给成为 Uber 司机的 Lyft 司机补贴 500 美元现金,使得 Uber 司机不断增多,叫车速度不断加快,成功地把 Lyft 甩开。在中国电商群雄逐鹿的战场上,价格战也是一个制胜利器:去哪儿靠价格战咬住了携程,滴滴用价格战"吞"了快的,淘宝凭价格战赶走了易趣,360 借价格战屠掉了瑞星……但是,这是行业领军企业在抢分市场份额时的战略性竞争手段,它们背靠雄厚的资本优势、成本优势和产品结构优势,把低价作为一种产业集中过程中的战略性投入,甚至投资人主张迅速把融到的钱花出去,以确立市场领导地位,防止后来者跟进过紧。

单纯的低价对价格敏感人群(其忠诚度往往不够)效果尤佳,但对价格非敏感人群(具有较高忠诚度)的作用有限,不仅刺激大量投机消费,还会出现激励的边际效用递减效应。"汉堡王"曾做过一个粉丝试验,凡是取消关注汉堡王的粉丝,将获得一个麦当劳的汉堡,他们的粉丝从 38000 锐减到 8000,留下的全部是忠诚的粉丝,其收获则是互动率提升了五倍之多。真正忠诚的粉丝是无论有没有好处,都会帮助企业传递口碑,引来新用户,所以低价的噱头往往会收获贪便宜的"假粉"。

纯粹的低价会导致营销组合完全聚焦在价格上,难以支撑和匹配其他的营销活动,而且,低价又常常给品牌带来低品质的负面联想。一家企业是否应选择低价的定价战略,通常根据其首要目标来做出决策。在高度竞争的市场中,盈利最佳和市场份额最大化常常只能二中择一。如果企业的首要战略目标不是市场份额而是盈利能力,不必采取激进的定价策略,无需通过低价来短期激增客户群,只要守住愿意接受定价的客户群,走逐渐渗透市场的战略。相比于纯粹的低价,性价比是一个更加可持续性的营销战略。性价比顾名思义指性能和价格,它将营销组合中的两个要素——定价与产品绑在一起,定价不能孤立地脱离开产品性能,唯"低"是尊。只要定位精准,找准蓝海,满足利基市场需求,再结合 O2O 市场推广策略,完全有可能杀出一片天来。小米诞生之时,国产手机市场里有定位三千元以上的高端价位,有定位一千元以下的低端价位,恰恰在一千元至两千元之间有一片蓝海,小米把这片蓝海用户发展为"米粉",博客 HungerMarketinginChina 描述他们是年轻男性、中小城市居多、收入较低、难受异性青睐、爱宅家打网络游戏、易对偶像盲目崇拜等……

电商发展早期没有实体店(虽然亚马逊等巨头已始设线下体验店),节省了税负和实体投入,即使亚马逊开始缴纳州税后,其所售电子产品仍然比实体零售商如沃尔玛低

11％。面对电商这样的定价优势，传统企业却背负着线下实体店的辎重，因此以单纯的低价烧钱来引流量，实难持续。实体零售商倒是应该将竞争对象瞄准一般的传统门店，要比他们更快转型，立足线下门店及其网络优势，提高产品的性价比，同时注重传统门店的信息化管理，打通线下产品与服务的数据化与连接性，实现更好的质量转型和更强的购物体验。

天猫、京东等平台电商打价格战的目的是抢占高地，最终实现收取进场费、广告宣传费、技术服务费等盈利模式，而打价格战的成本很大程度上转嫁到了入驻这些平台的垂直电商身上，这种情形恰似当年品牌商受制于沃尔玛、国美、苏宁的"线上版"。因此，垂直电商可以借助电商平台的流量，但不能完全依赖它提高销量，不必盲目响应价格战。与平台电商相比，垂直电商的推送人群较明确，可以扎根并专注于行业细分领域，积极响应客户需求，将营销融入在产品研发、服务流程、物流配送和用户关怀之中，将线上购物和线下体验相结合，不断培养用户黏性，强化忠诚度，争取把生存发展的主动权掌握在自己手里。

酒美网通过O2O的方式，实现价格、用户体验在线上线下的有效协同，把拼价格战的资金节省下来，投入打造用户的线下体验：计划3年内开设500家线下体验店、发行会员红酒杂志、举办品酒会，建立了线下体系管理平台，实现商品库存、价格以及促销信息线上线下的同步。与此同时，在线上提供红酒文化、完成红酒交易。酒美网不仅在流程管理、供应商管理等方面做出改善,以确保线上线下体系的一体化,还借助客户数据库管理系统,通过数据比对,分析客户的消费习惯、消费水平、个人偏好等内容,以提供有针对性的产品推广和售后服务,同时可将客户信息反馈到线下体验店,进一步做好客户关系维护。

免费与补贴:互联网经济的通行证

有一个事实,我们不得不面对,在数字化市场上,复制数字化产品的边际成本已经降低到了几乎为零①。互联网经济带来了免费浪潮。新闻界"贵妇"《纽约时报》的O2O战略举措是在脸书的 Instant Articles 上、苹果的 News 上和星巴克的 APP 上提供免费新闻。不仅仅新闻成了免费的,电子刊物也有免费的,音乐有免费的,在线文学作品有免费的,邮箱是免费的,云存储是免费的,微信是免费的,网上大量的开源软件也是免费的……在免费充斥的背景下,如果你不能慷慨地给予消费者免费,别人会争先恐后地提供免费。免费,从某种程度而言,曾是互联网时代征服用户的通行证。当然,免费首先冲击的是那些提供具有普遍性需求的产品或服务的企业,而在免费的程度和方式上,企业尚可行使一定的选择权。

---

① 〔美〕克里斯·安德森著,蒋旭峰等译,《免费》,北京:中信出版社,2012 年。

免费是让顾客不付费使用产品，而补贴则是贴钱给顾客使用产品。免费和补贴是一种营销手段，它可以起到宣传的作用。歌手原来是靠出售唱片获取收入的，进入互联网时代之后，歌曲基本上可以通过网络免费获取，歌手们现在将免费音乐作为一种宣传手段，然后通过开演唱会、参加商演、接拍广告等途径获得收益。

免费和补贴还可以教育新用户、培育新市场。泰笛洗涤通过"0元洗鞋"、"1元洗羽绒服"等营销活动，教育了一批原本少用洗衣店洗衣的顾客，上门收送、3—4天的洗涤周期，开拓了这块"懒人"生活消费者市场。荣昌e袋洗敢于在三、四个月里烧掉1亿元，来补贴用户，改变他们的消费习惯。

免费和补贴还能迅速扩大客户规模，互联网公司传颂的"羊毛出在猪身上"的策略，就是利用免费和补贴，大量获取基础用户直至数量突破临界点后，网络效应显现，以图占领竞争市场上的绝对优势。免费作为互联网经济的市场营销手段，其目的是建立最大化的用户连接，实现最大化的行业数据化，从而掌握话语权和影响力，然后拓展收费的产品线和服务，或寻找愿意接盘的第三方。

显然，在O2O时代，免费不仅仅是一种定价营销模式，还是线下企业转型进化的门票。一家传统母婴企业先向消费者提供利润为零的婴儿纸尿裤，利用这款产品高频刚需的特性，大量积累基础用户数据库，设计一款强大的CRM系统跟踪婴儿成长，根据不同成长阶段的需求向用户推送高毛利的婴儿商品。

免费一般有四种获取收入的方式：日后付费、其他产品或服务付费、高价值用户付费以及寻找第三方付费。

所谓日后付费就是先免费、日后收费的定价策略。淘宝通过免费策略打败易趣，积累了大量成熟用户，获得中国 C2C 交易的老大席位后，向进驻淘宝 B2C 新平台的商户收取技术服务费、空间使用费、信息发布费等，有 2000 多家厂商迅速入驻，包括各个商品品类的多数一线品牌，B2C 业务一举成为淘宝最可靠的利润增长点。腾讯靠即时通讯软件 QQ 的免费锁定了庞大用户群，然后提供收费的无线增值服务、基础增值服务和广告服务。

免费策略的第二种用法是让付费产品为免费产品"买单"，这种定价战略称为交叉补贴，即通过优惠、免费甚至补贴的价格出售一种产品，以达到促进销售更多盈利产品的目的。这种策略在传统经济早已有之，常结合产品组合理论使用，如吉列公司提供价格低廉（接近于免费）的剃须刀架，而以顾客源源不断消费的刀片来盈利。谷歌和百度的搜索服务是免费的，但是谷歌按点击率付费的文本广告和百度竞价排名的收费是昂贵的。百度地图把导航服务免费化，从而抢夺了大量付费导航服务的用户，然后再通过百度地图内置的 O2O 服务获得收入。在网络游戏中，盛大和巨人的游戏是免费的，道具是付费的。杀毒软件 360 永久免费，而其利润点有网络广告（在 360 浏览器、网址导航及其他平台上的广告以及搜索公司提供的流量导入费）、互联网增值业务（包括由第三方开发的网络游戏和远程技术支持等）以及出售第三方开发的防病毒软件。亚马逊坚持阅读器、平板电脑等硬件不盈利甚至亏本销售，之后通过数字内容来盈利。

免费的第三种策略是高价值用户付费，实际上是付费人群给不付费人群付费，例如，网游对普通用户免费，对少数有钱的"人民币玩家"出售道具来获取收益。付费网游玩家占全部玩家的比例不超过 5％，却贡献了这个领域 80％的收入①。通过免费策略取胜的淘宝后来对用户进行划分，针对某些具有特殊需求的用户收取"增值服务费"，例如，竞价排名费、店展推广费、娱乐功能费、在线广告业务和广告推广服务、比较购物服务、垂直购物搜索服务，以及配套的网店软件产品、高品质高附加值的即时通讯服务，这些都成为淘宝的新的利润增长点。

免费策略还有第三方付费的方式，顾客作为"第一方"免费获得产品，企业作为"第二方"承担成本，愿意付费的便是"第三方"。"第三方"获得的回报常常是传播和广告效应，例如餐厅想要免费赠送消费者餐巾纸，可以印上"第三方"——酒醉代驾服务的广告。2007 年创始于美国的保健软件公司 Practice Fusion 允许外科大夫免费查阅病患的电子健康记录、免费使用诊疗管理软件，其中免费的软件植入

---

① 宗宁，《颠覆互联网巨头的机会：不断的碎片化崛起》，新芽，2014 年 7 月 29 日。

了 Google 广告联盟的广告,同时将匿名病患资料售卖给不同的研究机构,显然出售资料比一次性卖给医生软件更赚钱①。

关于补贴,蓝湖资本 VC 胡博予将之分为三类②:流量品类补贴、生态系统补贴、加速型补贴。流量品类补贴是选定某高频次消费低价值的品类给予补贴,利用可明显感知优惠的价格,塑造"低价印象",带动其他高毛利的商品消费,以此赚回差价。生态系统补贴主要适用于在双边市场,为了拉动供需双方的平衡,保持需求方与供给方的友好对接留住客户和服务者,进入良性生态循环。它适合刚进入市场或者扩张新城市时使用,利用生态补贴能快速培养忠诚用户和稳定供应端,避免失衡崩溃。

加速型补贴是目前市场上最常见的一种补贴形式。通过补贴换取客户或加速培养用户习惯,主要沉淀在用户端。例如,点到的新用户减免、宝驾租车的一元租车、滴滴的桔色星期一、滴滴专车的优惠券等等。根据点到的运营经验,加速型补贴又可分为以下三类③:

第一类是拉新用户目的的基础补贴。这类补贴是通过低价降低新用户体验新事物的心理门槛,培养新用户,实现

---

① 〔美〕克里斯·安德森著,蒋旭峰等译,《免费》,北京:中信出版社,2012 年。

② iebrun,《一年若要补贴 2.8 亿,几家 O2O 能活?》,亿邦动力网,2015 年 8 月 24 日。

③ 同上。

运营转化。拉新最早的手法是立减,从低比例优惠到普遍高额补贴,发展到现在常见的一元体验,较适用于高频低客单价行业,例如外卖。另一种是给拉入熟人或好友的用户返利,形成自扩散式拉新。新用户接受老用户邀请并成功注册后,发出邀请的老用户可获得现金奖励。在 Q 币时代盛行过的"拉新得返券",到了 O2O 时代获得极致发挥,曾有某公众号运营者发放 Uber 优惠码后获 24 万返利。

第二类是运营用户目的的常规性补贴。用户在首次购买后存在一个遗忘曲线,即用户在没有后续提示或自我消费周期过长的情况下,会无意识地流失掉。对于这部分已体验用户,企业根据正常的用户消费周期发送优惠信息召回,例如优惠券到账提示,留住并转化初始用户为忠诚的付费用户,然后培养用户的消费周期。此外,对于关注领取了首单优惠后却从未下单体验的那部分用户,为避免造成用户反感,不宜采用信息召回方式,点到的方法是一直将同等额度的优惠券自动放入用户账户,确保他们一旦产生下单冲动,随时都有优惠券可用。

第三类是调节消费目的的补贴杠杆。这类补贴是为了避开大多数 O2O 行业都存在的消费高峰期:外卖的中晚饭、打车的上下班、按摩的周末节假日等等,调节闲置库存,提高运营效率,增强订单的增长空间。饿了么的下午茶、点到的办公室套餐都是增加不同时间段的使用场景,引导用户消费。

免费和补贴残酷的一面是加速弱者的死亡,它最怕"红一时、冷一世"，不少免费软件都曾因击中了用户的痛点或喜点，一夜爆红，被争相传播，但是移动互联网时期的用户既健忘又善变，如果没有更炫的升级换代，这些通过免费在短时间内赢得的注意力是缺乏生产力的，如果无法成功地转化为具有利润增长点的升级产品，就不能帮助企业在日新月异的商业竞争中进化突围。在团购厮杀中，美团通过对团购订单进行巨额补贴，快速吸引用户，取得了垄断地位。转型 O2O 之后，美团对猫眼电影、外卖、酒店等业务领域依然烧钱补贴（在外卖领域仅暑期档就巨额补贴 3 个亿），因此成为 O2O 行业的领头羊。在这个过程中，美团从创立之初由交易切入，积累了数百万的商家、2 亿用户、即将千亿的交易额，从而在资金流动、合作商户、供应链条方面做了大量的数据化连接性工作，这种数连能力把早期的免费和补贴转移到了后来的产品升级换代、企业进化乃至投资估值上。大上补（贴）药的 O2O 公司把烧钱补贴看作是一种用户获取成本，将红利直接输送给用户，而停补后的"用户留存率"成为衡量生死的重要指标。此外，把补贴作为抢占市场份额、击垮竞争对手的战略性投入，当初尚未合并的滴滴与快的为了在打车领域抢占先机，双方对外宣称各自烧掉补贴超过 10 亿元。发展成型后的 O2O 公司逐渐停补，开始在业务关联公司之间尝试联合促销活动，将现金补贴转化成优惠券、抵用券等。

　　免费和补贴带来了另一个副产品——"刷单"，即商家付款给顾客，购买指定商家的商品，获取虚假的销量和好评,提高其排名和信用度,以期吸引更多顾客;或者为了获取商家的补贴,伪造多个身份进行网上购物,间接侵吞了商家的推广费。因此,社会上衍生了一批"刷客",甚至广东一些村子已成"刷单村",家家户户有上百台手机,用网上购买的全套身份证和银行卡信息,采用某种程序进行刷单,以套取返现奖励。[1]"刷单村"有可能席卷商家几十亿的推广费,而让商家积累了大量僵尸用户。现实情况是,处在生死线上的O2O创业公司常常靠估值来获得更多融资,刷单直接增加了GMV(Gross Merchandise Volume),业务量和市场占有率变得好看,它间接提高了公司的估值,甚至某些投资者对于3%—5%以内的刷单率也是默许的。因此,刷单之于补贴,正如山寨之于正品,二者是相伴相生的,关于"打假"的命题从线下转入线上,可谓是O2O商业的新江湖。

众筹:准确测试定价的营销策略

"爱情保险"是一款意外险的附加险种,每份520元,5年后投保人凭与投保时指定对象的结婚证,可以领取每份999元的婚姻津贴,并且5年内都有一定的意外险保障。这种较为小众的保险产品正是众筹网(为项目发起者提供募资、投资、孵化、运营一站式综合众筹服务的网站)联合长

---

① 周天,《借贷宝遇"刷单村"估值500亿会是浮云?》,36氪,2016年1月27日。

安责任保险推出的项目,成功筹集了 600 余万元,创下当时国内融资额最高众筹纪录。

众筹是通过互联网将关注和信任某企业的用户的资金筹集起来的一种新型投资方式,它对未生产出来的产品进行预售,用户通过线上定制预订产品,并支付费用,最后享受专享产品或线下服务。目前,国内众筹主要存在四种模式:债权众筹、股权众筹(分为私募股权众筹和公募股权众筹)、回报众筹和捐赠众筹。债权众筹平台的代表有拍拍贷、人人贷、积木盒子。股权众筹平台的代表有天使汇和大家投。回报众筹平台的代表有点名时间、追梦网、众筹网。捐赠众筹平台的代表有微公益、TREVOLTA、Crowdtilt。全球最大最知名的众筹平台 Kickstarter 是美国的第一家众筹网站,它抽取成功项目总集资额的 5% 作为佣金,上线至今已有超过 100 万名投资参与者,而国内全部的众筹网站投资参与者总和达不到它的 1/10。相较于 Kickstarter 对项目设有严格条件,Indiegogo 对项目类型的限制较为宽松,不限定客户类型,发起者甚至无需等待审查便能直接发布项目,因而较多低质量项目。

众筹在融资、生产、推广和定价模式上打破了传统大企业那种垄断、单向和粗放的形式。即使是小微企业想要生产新产品,可以不必拿出现金或是抵押房产来冒险,一些小众产品在创意诞生之初便能筹集到资金。消费者(Consumer)则可变成投资人(Investor),成为投消者(Invesumer)。这种基于消费者和超级合伙人的众筹模式使企业的营销对象与投资主体、消费主体合一,将为合伙人带来产品生产前后、乃至衍生的可持续性收益。例如,小天鹅集团公司与领筹网通过众筹方式在北京布局社区 O2O 火锅店,只做线上生意,即消费者仅通过互联网渠道点餐、订餐,火锅随后被配送到家,每家店铺投资金额约 20 万。若招募 40个消费者作为投资人,每份约 5000 元,他们将享受约 15%的消费权和年底分红。

电商的无地域性和用户微数的聚集让代理商、加盟商失去了地域销售的优势,与品牌商之间那种传统的契约关系(通过合同保障代理商在当地的批发和零售权益,以及加盟商在当地生产、销售、品牌使用的权利)可以转化为众筹投资关系。换言之,代理商可以摇身一变成为公司的股东[1]。北汽新能源首批 8 处充电站共 61 个公共充电桩,就是通过众筹方式建成的,即企业或个人都可通过提供场地或资金的方式参与建设,共同分享收益。以位于集美家居大红门店的充电站为例,集美家居提供电力和场地,电费归其所有,按照商业电价每度电 1.2 元收取;北汽旗下合资公司北汽特来电作为服务提供方,将收取每度电 0.6 元的充电服务费。[2]

众筹不仅为企业提供了融资平台,将市场推广整体前移到创意、生产环节,更能为塑造品牌形象作铺垫,成为一

①　板砖大余、姜亚东,《O2O 进化论》,中信出版社,2014。
②　刘卫琰,《北汽试水充电桩众筹能否破解盈利难题》,每日经济新闻,2015 年 5 月 28 日。

种新兴的营销策略。生产者和终端消费者直接互动,可以满足消费者实时多元的需求,某些个性化生产建议能有效激发未被挖掘的潜在的市场需求,使那些规模工业期间饱受压抑的长尾需求得以释放。众筹模式可全程给出生产排期和产品追踪,为消费者创造可持续的情感连接,有利于优化产品和完善服务。在做大量投入之前,通过众筹对新创意进行测试、验证和收集反馈,有助于快速看清新创意是否符合市场需求。相形之下,市场调研和广告推广的传统做法不仅效果滞后,还需投入大量预算,而且在把大众注意力转化成实际的购买行为之前需耗费较长时间。众筹却可以让新产品在投产前就累积一部分顾客,能够准确获知需要生产的产品数量,这使整个生产过程更具目的性。产品创意人一旦手握订货量,在供应商面前具有更高的信誉和议价能力。

Everlane 进军加拿大时运用了众筹式扩张,参与众筹的消费者可以获得一系列尊享回报,这些回报都围绕品牌扩展到加拿大的销售活动而展开,旨在试水加拿大市场对品牌的热情度。除了原设定 17 天筹集 10 万美元的目标以外,实际上还一举实现了市场调查、筹资和市场营销。小部分潜在消费者获得优先享受尊享产品的回报,把他们培养成品牌在本土市场最初的一批粉丝,接下来利用杠杆原理,这一小批最初的尝鲜者起到示范作用,继而在社交媒体上传播发酵,在新市场上进行扩散推广。

众筹经过初步筛选后,推广与生产如影随形,在预订和出货之间的等待期内,仍可通过预售软件继续增加销量,并可通过面向项目创立人的 CRM 系统例如 BackerKit 等工具来维护和管理耐心渐失的投消者,整个过程涵盖了获取顾客、市场验证和媒体曝光等多个环节。2013 快乐男声主题电影在电影拍摄之前,通过众筹网用 20 天即达到 500 万票房支持,期间关于电影的最新动态持续在新浪微博、众筹网官方微博和 2013 快乐男声实时更新,那些给予资金的 2 万 9 千粉丝将得到电影票及首映礼入场券作为回报。

有一种叫"盲筹"[①]的众筹尤显推广的特质,它甚至不以产品为亮点,仅靠情怀和理念去众筹网友的信任,其间不乏互联网营销的要素:有趣、互动、个性。例如,ZUK 手机未披露硬件配置、外观、定价等产品详情,仅仅传达了一个情怀:"简单点",用户其实完全倚赖对京东众筹平台和 ZUK 团队的信任进行众筹,用户愿意成为投资人自然会做义务宣传员。ZUK 当天上线限量 10 份的 9999 元档即被秒光,随后的 6 个小时里就达到了 50 万的目标金额[②]。

移动互联网离散了人们的注意力,消费者变得没有耐心且易分心,众筹吸引选择付费支持的用户会主动关注、追踪和支持新创意或新产品,更可能自发谈论和自行传播,这更容易引起媒体和潜在投资人的注意。当一个众筹项目结束后,与意见领袖和新顾客建立起来的关系,还可以用于下

---

① 庄郑悦,《只靠"信任"来众筹,是融资还是营销?》,今日早报,2015 年 8 月 10 日。

② 同上。

一个新创意或新产品上，将可能转化为持续的购买力。鉴于众筹具有这种传播推广能力，专为筹资项目提供相关服务的市场营销和公关服务公司纷纷成立，比如 CommandPartners、Agency 2.0 和 Shmedia，它们主要就是帮助众筹项目拍摄专业且吸引眼球的宣传视频①。

众筹还能更精准地测试定价。众筹在定价方面有两种模式，一种是向投资人提供若干定价选项，出资人没有机会向项目方询价，不能讨价还价，只能在定价选项里做出选择。设置若干不同价格的回报方式，其实可以测试出哪一个价位最能为市场所接受。而众筹价格选项往往比一般定价策略更具有吸引力。例如，"碧桂园·嘉誉"项目的众筹定价是销售价的 8 折，进入流通交易环节时的价格则根据市场产生一定幅度的涨跌。众筹投资者能够享受份额转让、房价优惠和项目分红等收益。如果最终众筹项目失败，这便是一个重要的警示信号：新产品的定价需要做出调整。

另一种是开放定价权，让用户参与定价。新加坡的 Haystakt 是一个众筹自定价平台，在众筹项目的最低目标达成之后，Haystakt 会根据一条由项目策划人预先确定的价格曲线，依据买家的投资变动而调整价格，最终的支付价格由项目结束时的总预订数决定。因此，买家越

---

① 果子，《隐藏在 Kickstarter 背后的"众筹帝国"》，36 氪，2014年 5 月 5 日。

多,价格越低。由此可见,众筹不仅能够看到市场对于产品的反馈,还允许出资人通过进一步交流收集更多的定价反馈,避免了传统定价方式所出现的滞后效应与市场误读。

数据货币:具有支付和信用功能的营销工具

O2O使商业数据化,除了产品和服务的数据化,也带来货币的数据化——数据货币。数据货币发源于虚拟货币。虚拟货币是企业或网络运营商发行的,为现有产品进行营销、促销或购买网络运营商相关增值产品及服务,以扩大盈利为目的的价值载体[①]。数据货币有价值单位,因而具备储值、支付、媒介和信用等功能。大型科技公司如亚马逊、脸书等都自主开发虚拟货币,国内知名的虚拟货币如腾讯的Q币、盛大的点券、新浪微博的"微币",都是为了方便销售自家的产品和服务,用户可以一次性购买虚拟货币,再用虚拟货币购买价格便宜的虚拟商品。这些公司的虚拟货币一般只限于在自家网站上使用,当然也在逐渐拓展使用范围。亚马逊于2013年推出的亚马逊Coins可用于应用商店、Kindle Fire平台以及在网站上购买游戏、应用和其他数字内容。脸书于2010年在英国推出的虚拟货币Face-

---

① 崔晨霞、毛海军,《网络虚拟货币关联营销策略研究》,《中国乡镇企业会计》,2014(5)。

book Credits 仅限于购买虚拟产品，例如游戏中的道具等，有逾 200 款应用和游戏支持脸书的虚拟货币。虽然虚拟货币并非纸币的电子化，但是用户可用纸币以一定比例购买虚拟货币，例如 1 美元可购买 100 个亚马逊 Coins，大量购买还可打折。

　　虚拟货币可以用来做关联营销，因为用户可以通过接受商品营销的方式获得虚拟货币，其基本模型①是：客户在参与关联营销的任意一个行业内的个体商家中进行用户实名注册，并在此商家消费金额达到一定数量时，该商家会给客户赠送其合作商家的虚拟货币作为回馈方式。单个商家须向客户赠送除自己以外的其他合作方商家的虚拟货币，让单一商家的客户成为合作行业内所有商家的客户，也会吸引更多不同行业的商家加盟合作。Trial Pay 这家营销公司与其他 3 家公司合作，以市场营销的模式出售货币，用户可以不用从脸书进行购买，而 Chase 信用卡用户则可以使用其 Chase 积分兑换脸书的货币，Plastic Jungle 用户可通过出售其礼品卡获得货币，Trial Pay 的用户则可以通过购物获得货币。

　　数据货币中的积分具有客户关系管理的营销功能。数据货币不是由国家发行的，它不仅仅是各大公司发行的虚拟货币，还包括消费积分，而且积分可以一定比例兑换成真

---

　　①　崔晨霞、毛海军，《网络虚拟货币关联营销策略研究》，《中国乡镇企业会计》，2014(5)。

实货币使用。当消费者把真实货币支付给商家，消费者便获得了积分，这一瞬间产生了数据货币。积分[1]现在普遍被认为是购物价格的等量奖励，一般花费 1 元钱就能积累 1 个积分，积分可以兑换免费商品。只要消费者消费，商家就给消费者累积积分。用户在淘宝上购物，系统会在用户账户相应计入与真实货币同等数量的积分，这些积分会在用户再次购物时以 100∶1 兑换成真实货币来使用。相较于通过邮件、电话和短信等传统的 CRM 管理方式，这种营销方式不会给顾客带来骚扰，而且更实惠。

因此，数据货币迅速演变成具有支付和信用功能的营销工具，它使用户感觉在平台上花钱是一种挣钱的行为，是一种积攒信用的举动。数据货币不仅可以帮助企业聚合人气，调动用户活跃度，提升用户黏性和忠诚度，维持客户关系持续发展，还能刺激、引导会员进行交易和提高消费，进而促进虚拟增值业务和应用业务的销售。Ifeelgoods 就是一家通过虚拟货币来帮助商家进行线上线下营销的公司，它和脸书、星巴克、亚马逊、Zynga、Skype 等 100 多家零售商、时尚品牌合作，用数据货币代替传统的优惠券来进行促销，帮助商家降低促销成本，颠覆了广告业的传统做法。

积分在传统的实体经济里早已有之，国内最有实力的积分发行商是中石油、中移动、国航等垄断企业，但是它们不愿将积分开放，可是用户却希望各个商家的积分可以互

----

① 板砖大余、姜亚东，《O2O 进化论》，中信出版社，2014。

通,这便使"通用积分"呼之欲出。通用积分是指众多联盟商家使用同一种积分对会员进行奖励,会员在联盟商家消费时能够获得积分奖励,积分积累起来,可以兑换礼品或者直接返现①。目前,国内主要的通用积分平台有三家:平安的万里通、支付宝的集分宝和腾讯的 QQ 彩贝。以万里通积分为例,有别于只能在封闭的单平台使用的普通消费积分,它的方向是实现"积分当钱花",外部商家也可以将自己的积分兑换成通用积分。积分因此具有现金价值,可以在线上线下合作商家抵现购物。目前,系统有积分或金币的企业,除了与大型商户采取自行连接的方式,余下则常常通过兑吧等第三方平台与其他商户建立连接。

通用积分平台做营销,一方面让线上线下企业积分互通,获得联盟商户之间客户的交叉转化,快速展开营销获客,以低成本快速建立用户关系;消费者的小积分得以汇集和流通,单个企业的积分将具有更多用处,积分将更好地推动客户消费主营业务,这有利于企业在特定受众群体中实现品牌知名度的有效提升,增强了用户忠诚度。另一方面,为品牌定制积分,帮助企业发放自己的积分,建立起企业和用户的关系,不仅可在通用积分大平台上获客,还可在可视化平台进行管理营销。企业借助通用积分大平台实现积分运营管理,将在营销活动、品牌营销、客户管理、大数据分析

---

① 《国内首家通用积分平台上线——万里通积分平台》,腾讯财经,2014 年 12 月 10 日。

等诸多方面有所作为。通用积分不仅撬动活跃用户,同时激发"休眠"用户活跃起来,高频互动将增强用户黏性,更多的用户行为数据得以采集,实时描绘的用户脸谱将日益清晰,用户的消费趋势将日益清楚地得以掌控,最终与商家的产品实现点对点的结合。

除了虚拟货币和积分,未来的数据货币还会包括口碑。积分和口碑的综合评价系统会决定一个产品的价值高低。积分是数据化的,口碑也是可以数据化的,目前已出现分级量化的做法,例如 5 星、5 分、推荐指数等等。在比价搜索网站"慢慢买"上,用户输入任何产品或者品牌,都会显示出附加评论的口碑评分,介于 1 至 5 之间的任何一个数值。淘宝上的每一家店铺也根据用户评论,对描述相符、服务态度和物流服务进行了 5 分制的评级。传统的消费支付行为止于付款,而现在的消费者通过积分和口碑对企业产生了再度支付行为,未来的消费者将会选择有着积分较高、口碑评价较高的产品进行消费。消费者的评论分享作为一种数据记录,形成了对商家品牌的口碑。

随着消费者的行为逐渐数据化,未来的市场也将数据化,所以会产生数据化的货币,随着数据化货币的普遍推广与积累,它便具有了信用功能。2015 年 1 月蚂蚁金服推出国内首个个人信用评分"芝麻信用分",芝麻信用基于阿里巴巴的电商交易数据和蚂蚁金服的互联网金融数据,并与公安网等公共机构以及合作伙伴建立数据合作,涵盖了信用卡还款、网购、转账、理财、水电煤缴费、租房信息、住址搬迁历史、社交关系等等。未来,当用户的芝麻信用分达到一定数值,租车、住酒店时将有望不用再缴押金,网购时可以先试后买,办理签证时不用再办存款证明等等①。芝麻信用分在 600 以上的用户可以申请 1000—50000 元不等的贷款。"借呗"则完全依靠芝麻信用分进行信用审核,省去了线下人工审核流程,通过审核的用户 3 秒钟之内就能拿到贷款。

支付方式的变革:终极物联网的速位营销

原始社会的支付方式是以物易物,交换与支付合二为一,不存在支付工具。步入自然经济社会,交换和支付时以黄金、铜币、纸币等实体货币为媒介。到了工业化经济社会,出现了信用卡、借记卡等支付方式。随着支付宝、财付通等多种支付方式的出现,我们进入信息经济社会的支付系统,在线预付、在线支付、移动支付、NFC 支付、二维码支付、声波支付、随身支付等支付方式大行其道。

移动互联网的发展将使一部手机逐渐取代以往的钞票和银行卡,新的移动支付手段绑定了账户和手机,支付可以安全便捷地完成。日本的 NTT DoCoMo 推出"Osaifu-Keltai(手机钱包)",手机上有指纹和面部识别技术以及用户输入的相关信息,使用时如果信息不符,DoCoMo 会及时

---

① 张遥,《个人征信试水:芝麻信用推出国内首份个人信用评分》,新华网,2015 年 1 月 28 日。

锁定业务。推特的联合创始人杰克·多尔西建立的Square 公司能生产出一种可插进智能手机耳机插孔里的小设备,它可以把任何一部智能手机变成收款机,只要将信用卡靠近它就能完成支付。苹果手机用户使用 Apple Pay时无需手机接入互联网,也无需点击进入 APP,甚至无须唤醒显示屏,只要将手机靠近有银联闪付标志的读卡器,并将手指放在 HOME 键上验证指纹,即可进行支付。消费者使用手机上的"支付宝钱包"即可在银泰门店享受手机支付服务,实现"无现金消费"购物。中信银行联合中国银联推出中信"云闪付"支付方式,客户无需持卡,刷手机即可消费,2 秒内完成结账。

手机支付其实只是移动支付的一部分,更广义的移动支付包括使用可随身携带、可穿戴设备付款的支付方式。英国的巴克莱银行(Barclays)推出一款"轻触随付"智能手套,使可穿戴设备进入支付方式的视野,实现了移动支付的目标:通过移动设备,实现随时、随地、随心所欲的支付功能。支付宝除了声波支付+人脸支付亮相 2015 年德国汉诺威 CeBit 展外,还在研发掌纹、键盘、笔迹等其他支付识别,未来的支付宝志在让人们可以用全身的任意部位来进行识别支付。

移动支付不仅可以把顾客的消费冲动迅速转化为真实的消费力,提高消费转化率,而且是消费得以最终形成的唯一标志,是消费数据里真实可靠的考核标准。随着移动通信设备的渗透率超过正规金融机构的网点或自助设备,移动通信、互联网和金融逐渐融合，2013 年的全球移动支付总金额为 2350 亿美元，预计未来 5 年将以年均 40％以上的速度增长，2016 年将达到 6000 亿美元以上。在中国，以银联、银行、运营商为主导的企业推动近端支付，以线上支付为场景，2013 年的移动支付交易规模超过了 630 亿元[①]。第三方支付机构为传统企业转型 O2O 模式解决了支付难题。比达咨询发布的《2015 年上半年中国移动支付研究报告》显示，2015 年上半年，中国第三方移动支付市场规模达 40261.1 亿元，环比增速 24.8％。就市场占有率而言，国内业务规模前两位的第三方支付公司分别是支付宝（49.2％）和财付通（20％），银联在线占 9.3％，快钱占 6.9％，汇付天下占 6.7％，易宝支付、环迅支付等其他支付平台占 7.9％。[②]

　　速位营销的重要内涵是支付的便捷性。支付方式的革命旨在扫除顾客购买时的支付屏障，使顾客日益便捷地获取产品和服务，提高顾客的感知价值。Zeithaml（1988）定义顾客感知价值为：顾客所能感知到的利益与其在获取产品或服务时所付出的成本进行权衡后对产品或服务效用的评价。[③] 而在 O2O 电子商务模式下，顾客感知价值影响因

---

　　① 谭贤，《移动互联网时代：玩转 O2O 营销实战手册》，中国铁道出版社，2014 年。

　　② 同上。

　　③ Valarie A. Zeithaml. Consumer Perceptions of Price Quality, and Value: Ameans-end Model and Synthesis of Evidence [J]. Research，1988(2):22—25.

素主要包括:产品和服务的质量、网站平台的便利性、交易的安全性、支付的便捷性、线下资源的丰富程度、线上宣传的准确性、服务补救等①。可见,支付的便捷性是影响顾客感知价值的一个重要因素。

线上购物的"痛点"是"等待",即使现今最急速快递也解决不了家里正缺卷筒纸或牙膏的补货急需,任何电商物流也不比顾客自己赶到就近的便利店采购来得便捷。而跑到线下消费的顾客如今却面临着"找零"和"排队"的痛点,在公共交通、便利店和书店等地消费时,日常的小额支付频繁浪费大量消费者的时间等待找零。对于餐饮、娱乐和旅游等非提袋消费而言,去线下实体店体验是一部分重要的感知价值,可是排队结账却折损了这部分体验价值。可见,这一系列现场支付亟需打通线上线下的支付方式。

完善结账流程和购物体验的线下店铺必然要应对线上线下不同财务体系交叉的复杂性,实现线上线下财务账户的统一,而安全便捷的支付方式不仅让企业免除了"找零"的麻烦,又为消费者解决了"排队"的痛点。支付宝与线下卖场上品折扣共同推出移动支付服务,消费者在商场购物时,只要使用安装支付宝客户端的手机拍摄商品二维码并完成支付,即可提货离开,免去排队之痛。现如今,吃饭不用带钱包在很多餐饮店已经成为了现实。全国已有1000

① 王立平,《提升O2O电子商务模式下顾客感知价值的对策》,对外经贸,2014年第7期。

家肯德基接通支付宝。全聚德集团旗下38家门店已接入支付宝支付。知名连锁餐企外婆家也宣布与支付宝达成全面合作。目前,已有超过13万家店铺支持支付宝付款。而微信支付的线下门店也已达到15万家,海底捞、麦当劳、太平洋咖啡等餐饮品牌均陆续试水微信支付。

　　除了用于传统实体店铺外,移动支付还可以用于自动售货机、街头小贩、旅行商人、流动售卖亭、交通票务和收费泊车等交易。可见,物联网可以帮助人们终结线下购物交易中"漫长的等待"。思科调查了1240名英、美消费者对19种利用物联网改善线下零售业构思的看法,其中最受欢迎的三项是:增强现实、店内优惠和结账体验优化。思科的数据显示,对于规模为200亿的零售商,使用所有的物联网概念可以增加2亿多的净利润,盈利可能提高15.6%。英国已有超市尝试给顾客提供一个RFID(Radio Frenquecy Identification)读取器,商品被植入RFID芯片,只要刷一下便能自动计入价格,款项在离开超市前计算完毕,顾客使用无线支付的银行卡离开超市,就像刷卡走出地铁一样轻松。英国的Argos超市没有货架,只有仓库和提货区域,顾客可以通过其网站或APP下单,去实体店提货即可。未来,我们将无需亲自去超市采购,智能冰箱会察觉需要补货的食物,自动通知在线超市,连接用户的网络账户自行付款,超市备好货后,顾客只要等待快递送货上门即可。

　　速位营销可以做到速达用户。在线预付直达O2O营销模式的核心，它能快速便捷地将商家与真实顾客相连接，顾客通过手机搜索到附近的餐厅、影院及其折扣优惠券，只要预先支付，就与商家产生了互联与锁定。微信支付等新型支付手段能够流畅地帮助商家把顾客从线下实体自然地转移到线上，反之亦然；虽然它有 7 天的结账期和千分之六的手续费，却巧妙地解决了用户留存的问题。便利店品牌"喜市多"250 多家门店全面开通支付宝钱包付款，全程无需现金找零或刷卡操作，消费者只要打开手机上的支付宝钱包，选择"条码支付"功能并出示手机，收银员用条码枪扫描即可完成付款。成功付款后，支付宝会通过 95188 向手机发送交易短信，以便顾客核对消费金额。

继而，速位营销便可实现精准推广，数字化的支付方式能跟踪、收集和记录销售数据，指导企业把营销费用花在"刀刃"上。"布利兹手机钱包"这款运行在智能手机上的软件可以将用户用手机转账购物的交易详情，通知他的朋友圈。更有加利福尼亚一家新创公司发放免费的手机贴纸，手机贴上它就能完成信用卡的功能，同时用户的每次购物经历会自动发布在脸书上。用户在使用这类手机支付方式时，变成了产品的形象代言人，朋友的亲身购物经历往往比明星的背书更具说服力。据此，商户可以根据社交网站上的用户表现来提供优惠券和打折，还可绑定用户的手机号码，根据其购物记录归纳出用户的购物模式，开展针对性的营销活动，进而更精确地分析和优化产品。

O2O 反向定价：在线议价与反向竞价

反向定价并非一个新概念。在传统的成本导向定价（成本加成定价、目标收益定价、盈亏平衡定价）、需求导向定价（理解价值定价、需求差异定价、反向定价）和竞争导向定价（随行就市定价、产品差别定价、招标投标定价）分类中，反向定价属于需求导向定价。教科书里通常这样定义反向定价：指企业根据产品的市场需求状况和消费者能够接受的销售价格，通过价格预测、试销和评估，先确定产品的市场零售价格，进行生产成本与销售成本的预算，然后倒推批发价格和出厂价格的一种定价方法。英国最大的零售商马狮百货的定价策略就是先定下一个大众消费者能够承受的价格，然后寻找可按此价出售又有利可图的产品。反向定价根据消费者的购买力情况，制定出消费者愿意买单的价格，能较好地适应市场需求，具有竞争能力，从而使企业占据一席之地。

互联网时代使即时沟通成为可能，商家不必提前做市场调查来估算定价，而是采用网上平台让消费者在线出价，乃至在线议价和在线竞价。2012 年赛尔斯博士曾在《意向经济》一书中称，将市场控制权从卖方手里夺回并交给买方。当用户在网上表明将去意大利旅行的意向后，将收到包括航空公司、酒店、餐厅、博物馆和景点方面的报价。

游戏销售网站 Humble Bundle 允许顾客出任意价格

购买游戏,并辅之以配套的营销手法,以刺激更多人出价,出更高价。首先,出高价者有回报。用户可对包含 5 款独立游戏的游戏包随意出价,乃至低到 1 美分,而出价最高者可以作为首席贡献者使公司名称出现在 Humble Bundle 网站上,因此有些公司愿意出价数千美元,而使这款游戏包的平均价格达到了 7.83 美元。其次,开展获得较高关注度的活动。一款游戏单独售卖价为 20 美元,若是放在游戏包出售,其销售量增加很多倍。再者,巧用事件营销,让用户出价与慈善捐助相结合。顾客可以把一部分付费捐赠给慈善机构,一部分零头进入 Humble Bundle 账户,而这部分零头累积竟可为这个初创公司带来 90 万美金的收入。

显然,因边际成本很低,甚至接近于零,反向定价对于游戏等虚拟产品商家大有助益。此外,反向定价也适用于解决淡季销售、减少库存、出清尾货的问题,诸如机票、酒店房间、电影票、演唱会门票等等,越接近期限,价值越低,一旦过期,价值为零。美国的 Priceline 主营酒店预定,网站让用户提交城市、酒店星级、区域、日期和价格等要求,并填写信用卡信息,一旦寻找到满足条件的酒店房间,就从信用卡上扣钱;酒店预订完成后,用户才被告知酒店的详情信息。目前,Priceline 的业务已拓展至"租车"、"旅游保险"。"微歌"是 KTV 尾房在线分销预订平台,用户这端通过移动应用可以自主定价,可以选择定向推送的商家,留下联系方式、姓名可发送定价请求,商户就可以收到选择是否接单。票务网站 ScoreBig 为会员提供包括体育赛事、音乐会、歌剧等在内的高折扣门票，消费者输入自己想要观看的节目；场馆业主、运动团队、分销商以及拥有剩余门票的个人则可以将剩余的门票信息登在 ScoreBig 网站上出售。系统将两者的信息进行匹配，售票者根据买家出价情况表示接受或拒绝交易。

同理，更新换代频繁的时装、运动装备、数码家电等也适合采用反向定价模式，尽快出清库存商品。美国电子商务网站 Netotiate 出售电器、乐器以及服装等品类，用户在其网站搜索商品，网站便会显示相应的零售商及其报价，用户选择其中一家，并输入自己的报价，一旦零售商接受，这桩由买家发起的交易就自动成交了。从营销的角度而言，这种模式有利于快速锁定摇摆客户、价格敏感客户，如今的消费者因购买前流连于比价网站和软件，购买行为常常止于价差（心理价位与商家价格之差），反向定价模式让这类消费者找到议价途径，其实是化潜在顾客群为实际购买力。

以上反向定价模式考虑到了用户在定价方面的个性化需求，可自主出价，还可选择自主搭配。不过，这些反向定价模式的主导权仍在商家，商家有产品的管理后台，是一种自主性极强的营销工具，对于用户抛来的订单，可以在"抢"与"不抢"之间进行选择，可以选择出价高的订单，放弃出价低的定价，对订单品质有所把控；而且，可以根据商家生意好坏来选择是否降低订单要求，也可以根据过往的经验，搭配出性价比较好的套餐内容。Netotiate 更是设有配合反向定价的营销手法。首先，系统设有报价成功概率的自动提示,顾客事先会参考概率进行报价,为了提高成功率,不会无底线报价。其次,商户有机会与顾客讨价还价,营销玄机便在于此,商户可以直接提出一个折中价,也可以建议消费者用该价格购买类似商品,或者其他颜色、型号,要不然就以特价附加上"配套商品"。

这种直达消费者的定价模式与以往盲人摸象似的大众推广模式相比,无疑压缩了企业的营销成本。与低价模式相比,反向定价可谓是一流的营销工具和流量产生器,因为它在销库存的同时保护了商家的品牌,无论是美国的Priceline,还是国内的"冰点酒店控"、今夜酒店特价、或去哪儿网的"越狱",都没有事先公示酒店名称等详细信息,这较好地保护了酒店的品牌效应,同时也不至于破坏其价格体系。

以上反向定价模式具有将价格潜在地往上推的趋势和保护商户营销自主权的特征,相较之,国内的一款众人砍价、一人买单的本地生活服务平台"爱抢购"为用户提供周边热门商品的导购信息,同时具备邀请好友砍价的功能。"爱抢购"是一个反向竞价、反向竞拍的过程,它帮助消费者把价格从高往低不断地向下推,它用分享并砍价的方式,最低可将价格推至1元的超低价实现成交。

与非公开竞价过程的Priceline等网站不同,"爱抢购"不会优先选择出价最合适或者最高的那位顾客,而是让出价最低者获得交易,而且,不会让顾客不知道底价,该平台上目前涉及的快餐小食、饮料甜品、生活服务、日用商品等所有商品,都采取公开透明的标价,起拍价全部明确标出,成交价无论如何不会高于它,底价 1 元一清二楚。当价格进入用户购买意向价格区间时,可以低价买入,同时对此商品砍过价的用户均可对商品的价格变化清晰可见,每一件商品每一个时刻成交的价格都不一样,同样一件商品,因为每天每个时点抢购的人数不同,也造成了巨大的价格差异,用户可以在任意时间节点上随时购买。鉴于晚间 8 点到11 点是最活跃的一个时段,下午 5 点以后以及中午也会出现一个小高峰,"爱抢购"推出每晚 9 点到凌晨的"睡前摇"、天黑开始"倒计时"等营销手法将打烊前的价格一降到底。之所以选择最低一元而非直接免费(0 元),乃是鉴于这二者所导致的最后到店率具有 80% 以上的差别,最低一元会为实体店实现更高的导流效果。底价一元不仅可以营造一种有限供给的感觉,还意味着有成本、有价值,从而抵制一部分因免费或补贴而招揽的投机者。

此外,反向定价在国内还发展出了反向团购、在线竞价和打赏定价等案例。在国内的"八分酷"网站上,用户可以用"单兵淘宝"购买产品,报价后等待卖家认领,还可使用"集结号"做反向团购,号召更多人来压低价格,网站还有为产品做定价调查的增值服务。在线竞价的代表"杀价王"在每次产品拍卖中,出价最低者或唯一出价者中标,用户要参与杀价必须购买"杀币"。罗振宇的《罗辑思维》在自媒体上发行时,采用了"打赏定价",顾客认为值多少钱,就付多少钱,销售额在 24 小时内累积到 160 万元。

动态定价：刀刃上的即时营销

最早的动态定价可以追溯到 2000 多年前，古代集市上的拍卖和讨价还价早已有之。在工业商品量产的较长时期里，商品价格基本上被统一和固定下来，以便于批发和零售。随着诸如 Priceline、易趣等在线拍卖网站的出现，商品的线上价格不再是固定不变的。动态定价是根据顾客认可的产品、服务的价值或者根据供给和需求的状况动态调整价格，是买卖双方在交易时进行价格确定的一种定价机制。[①] 这必然导致价格随着产品、渠道、客户和时间的变化频繁调整。

易逝性产品随着时间的推移，会发生价值递减，所以易逝性产品的定价须根据市场需求的规律性波动制定相应的动态价格。商品价值的时间弹性越大，就越需要价格实时反映市场条件的变化，否则就会造成价值的损失，如容易腐烂的物品、折旧大的物品等。[②] 美国连锁百货公司杰西潘尼（JC Penney）的"跌价"网站有一大特色就是清理定价（clearance pricing），清理定价和高峰负荷定价（peak-load pricing）是最为常见的时基定价策略。时基定价策略的关键在于把握顾客不同时间对价格承受的心理差异。清理定

[①] 周瑾、黄立平，《电子商务企业动态定价策略研究》，《价格理论与实践》，2008(7)。

[②] 同上。

价适合需求状况不确定和易贬值的产品,例如生命周期较短的电子产品、具有保质期的食品、易过气的时装等。企业通过适时降低价格,扩大销售渠道,及时清理多余库存,降低损耗,以便加快资金回流。国内餐饮食品导客降损平台"好食期"专门提供食品特卖,价格随着保质期的临近不断地在线实时降低,消费者对每时每刻的价格变化清晰可见,随时可低价透明地购买相应保质期的食品。美国最大的服装公司之一盖璞(GAP)则对季节性产品采取清理定价,对沙滩服装进行夏末降价,对常年适用的贴身牛仔服实行稳定的市场价格。高峰负荷定价较适合供应缺乏弹性的产品。例如,电信公司为不同时段的服务收取不同的资费。在酒店和机票等行业,为了对有限资源和服务充分利用,酒店房价和机票票价根据不同时间实施了不同的价格,旺季的价格甚至是淡季的两到三倍。

　　面对瞬息万变的市场条件,企业可以运用动态定价找到与之匹配的价格,使买家和卖家之间产生一个最优结果,从而实现更高的市场效率。针对大多数车辆保险费用在顾客不驾车时也需付费的局限,MetroMile 设计了一种新的定价法:pay as you drive,即顾客驾驶时才需付费,不驾驶的车时只需付很小的费用。这种方法节省了很多保险费用,尤其对驾驶里程低的用户保费节省高达数百美元。

　　Uber 的动态定价更为实时,作为共享经济的典型代表,不仅调动了社会闲散车辆为出行人提供及时服务,而且通过精细的研究与实验,科学地履行了动态定价,更精准地即时适配卖家资源与买家需求。Uber发现每个周五晚至周六凌晨1点前后出现了大量的"未满足需求",原来大部分司机在该时段登出Uber系统收工,而恰恰此时外出嗨完的人正偃旗归巢。为了解决此时的供需失衡,Uber在午夜到凌晨三点间适当提高乘坐单价,两周后,此举使出租车的供应量增加了70%—80%,这几乎满足了2/3的"未满足需求"。动态定价通过在需大于供的高峰期提价,既增加了供给,又些许抑制了需求,重新调整了供需平衡。Uber在高峰时段推广的动态定价算法十分智能,它在用户等待时间出现陡峭上升趋势时即当需求大于供给时,算法会自动提高价格,减少需求提高供给,而当供给大于需求时,价格又会恢复到初始水平,这个过程循环往复,供需平衡始终在做动态调整。

O2O时代的动态定价是智能的、物联网的、即时的,它实时感知供需变化,运用价格涨跌来调整供需平衡,是一种强大而隐形的即时营销。实施动态定价犹如在刀刃上跳舞,在增加企业利润的同时,也难免导致消费者产生策略行为。动态定价带来的业务量在目前的Uber上占总订单量不到10%,它最常用在打车高峰期,例如周五晚、上下班、或者恶劣天气时。可见,因为动态定价有别于常规定价,尤其在贵于常规定价时,为避免顾客产生被打劫的反感,商家应以公开透明的原则,对采用动态定价的环节事先广而告之,还应在启动动态定价之前得到用户明确同意的许可。

顾客主导型的网络营销一改以往企业主导的定价模

式,那些能为顾客提供对产品价值进行认定机会的企业往往更容易得到顾客的青睐,企业藉此可以为顾客提供个性化服务。动态定价有助于企业把握客户的价格承受心理,掌握消费者的交易记录和资信程度,经济有效地满足客户需求,进一步实现产品、服务与相应价格的客户定制化,还能让企业根据不同渠道的消费者索取最合理的个性化价格。在此,要区分动态定价与身份定价的微妙差别,后者是根据对顾客的购物记录、搜索习惯等情况的了解来进行定价;而前者比后者因价格公平透明,会更容易赢得用户的信任,获取回购。顾客可以接受一个大型电商网站随着时间的变化价格有所波动,但如果采用身份定价,顾客就会觉得很不舒服。[①] 当亚马逊 DVD 消费者通过 DVDTalk(www.dvdtalk. com)的音乐爱好者社区得知,由于他们不同的消费模式,亚马逊为相同的 DVD 索取不同的价格时,消费者纷纷指责亚马逊的行为不道德,迫使亚马逊动态定价试验宣告失败。因此,企业应让消费者了解网络动态定价,把定价过程建立在信任的基础上,给他们自主选择的机会。在这一点上,"爱抢购"的定价模式把主导权完全交给了用户,它在每个时点上发生的价格变化完全由用户行为产生,最高价与最低价刚性透明,其间没有黑幕价格,也剔除了商家的选择权,这种定价结果令用户对价格的即时变化产生强

---

　　① 宗仁,《电商应该怎么看待"动态定价"》,雷锋网,2012 年 9 月 7 日。

烈的归属感和定制感,从而加强对商家的信任度与回头率。

　　动态定价还是捍卫市场"奶酪"的营销利器,它已被易趣、Pricegrabber 和 Nextag 频繁使用,旨在通过差价促进销售,更好地应对竞争对手。华尔街日报曾报道价格研究公司 Decide Inc. 的数据显示,一个通用电器微波炉在一天内价格会变动 9 次。亚马逊的价格在 $744.46 到 $871.49 之间浮动,在百思买的价格浮动于 $899.99 至 $809.99 之间,而百思买盯住亚马逊的价格上涨而上涨,随着亚马逊的价格降低而降低,甚至提供低价保证:如在比价竞争对手包括亚马逊、塔吉特、沃尔玛、Tesco 等零售商门店或网店中发现更低售价,公司将补偿差额。移动设备的普及赋能消费者前所未有的商品比价能力,这迫使亚马逊等企业建立大型比价团队利用复杂技术试图在价格上击败竞争对手。

　　而美国第二大零售商 Staples、Groupon 旗下在线零售服务 Groupon Goods、移动电商平台 DHGate 和美国电子产品零售商 RadioShack 等企业都已在使用一款零售应用软件"动态价格优化器"(Dynamic Price Optimizer)。这款软件是前亚马逊及易趣资深员工古鲁·海瑞哈南(Guru Hariharan)初创企业 Boomerang Commerce 的最新产品,它可以创建"动态价格优化器",帮助在线商家分析包括竞争对手价格在内等 100 多项数据,找到盈利和合理定价之间的平衡点。它为零售商提供实时分析及动态定价,通过对竞争对手产品价格进行实时分析的方式,帮助小型商家招揽更多顾客。"动态价格优化器"还能长期对商家的定价策略进行测试、衡量及改善，同时根据商家的需求对该应用所选择的数据分析指标进行个性化定制。

线上线下同价？

美国塔吉特公司宣布将其实体店的价格向亚马逊、沃尔玛、百思买等在线零售商的价格看齐，该举措由一项节日促销活动发展为在全年推行，用户只需在塔吉特店内提供在线价格的打印凭证，就会获得对应的匹配价格。有人认为，这种做法对于实体零售店是具毁灭性的。那么，实体店的店内价格是否应该与线上零售价格一致呢？

回答这个问题虽忌讳一概而论，却也不妨碍我们做一些规律性的探索。首先应考虑企业商品的数字属性，一般高价格的商品(如汽车、房地产等)数字属性较低，消费者线上购买的可能性不大，此类企业开展O2O主要是在线上做宣传推广，促进线下销售。而对于价格较低的商品而言，数字属性较高，比如服装、餐饮、电影票等消费者更愿意对之在线支付。这类企业把线上渠道作为主要销售渠道，扩大现有的消费群体，吸引更多其他区域的消费者前来消费。[1]

根据顾客消费习惯的变化，线上电商在走中低端和标准化产品程度高的商品，因此针对信息透明的标准化商品，

---

[1]　马莉婷，《O2O 本地生活服务类企业的双渠道定价策略分析》，福建江夏学院学报，第 4 卷第 5 期，2014 年 10 月。

宜实施"线上线下同款同价"。对于线上线下同款若不同价,不但消费者的体验较差,加盟商还会抗议。优衣库是"线上线下同款同价"的典型案例,其O2O的尝试可谓目前少有的看到成绩的品牌,优衣库的产品定价背靠大数据监测支撑,其产品生态链在线上线下一致,通过信息化将商品信息统一。优衣库通过实时监控、搜集、分析每个店铺每款每色每码的销售数据,来制定生产量,调整营销方案。[1] 降价策略是优衣库进行营销的方法之一,分为"限时特优"和"变更售价"。"限时特优"是指在规定的期限内,将某一商品的售价降低20—50元销售,到期后再将价格调整回原价。此举可以招徕顾客,增加消费者对该款商品的注意,同时吸引消费者购买其他款式的服装。"变更售价"是针对长期销售状况不佳、消费者反应冷淡的商品,重新更改价签,不再调整回原价,旨在及时清理积压库存。优衣库的打折策略是"指定产品区隔＋时间段区隔"。"产品区隔"指线上与线下打折的商品都是特别指定的,并在款型上有所区隔。"时间段区隔"则是指定折扣活动的时间段,并采用错峰排序的方式,用户错过线上折扣,还可等候实体店随之到来的折扣期[2]。优衣库线上和线下的产品是同款同质同价,除非某些特殊的商品在线上和线下存在差异,优衣库不做电商专供

---

① 龙金光、常梦柯,《优衣库是如何玩O2O的》,南方日报,2014年11月13日。

② 睿意德,《天猫双十一销售亚军优衣库O2O秘笈》,推一把网站,2014年11月25日。

款,这样才能让消费放心线上的产品质量与线下是一样的。

　　一些抵制线上线下同价的观点认为,这样做实际上是在鼓励消费者的策略行为:以线上零售折扣价格获取实体店的消费服务,这是在贬值线下体验服务。言下实指线下的运营成本远远大于线上,而如果线上线下运营成本持平,便为线上线下同价提供了条件。例如,原来是线下零售品牌的国美上市公司,其报表如今已体现出线上和线下成本持平,线下费用率大约 15%,线上也是 15%。线上主要成本为物流配送,可以达到 5%~6%,还有广告促销和人工;线下成本主要是租金、广告促销及人工。而以"淘品牌"发家的线上品牌斯波帝卡通过全网全渠道策略转变为互联网品牌后,虽然其产品在京东商城、红孩子、凡客 V+、百度乐酷天、麦考林、当当网、腾讯拍拍等大型互联网购物平台上皆有售,但是为了保持持续高增长,它瞄准了线下实体店,主打"从线上到线下,发展实体连锁"的品牌扩张战略。斯波帝卡用"统一价格,统一产品"来应对线上线下的价格冲突,杜绝线下价格高于线上价格,斯波帝卡表示线上和线下的运营成本能持平,那么价格就可以统一。

　　对于非标准化的商品,线下线上可以实行差异化价格,线下店依然是消费者主选体验性强、中高端商品的渠道,而产品的差异化正是要义之一。线下形成差异化的核心是强化用户体验,强调服务的多样化与个性化,运用线上线下的互动营销,实现线上线下的相互引流。当然,同一品牌的产品可以发展线上专用子品牌,线上线下经营完全独立但又互相关联的两个品牌,可以分享营销推广、明星代言,同时线上的活动与促销不会冲击线下固有的代理商体系。不少传统品牌在开发新款时,针对线上线下两条渠道,开发不同的渠道特款。为防止线下渠道和微商价格体系不一,上海韩束化妆品有限公司专为微商渠道定制了专属产品——一叶子肌润多效微精华面膜。

而对于刚上市的新品,有的企业采取线下实体店首发,且在一个时间段内不上线,一旦上线,其价格比周围实体店便宜,或是赠送礼品。优衣库对初上市新品的定价,首先要根据制造成本和各种费用,结合毛利率算出一个达到基本盈利水平的价格,然后参照过去几个季度该款商品的售价作浮动调整,比如轻型羽绒衣去年卖 499 元,销量非常高甚至卖断货,今年就可以考虑适当提高售价,反之则适度降低售价。

不可否认,线上线下的转型期会出现成本差异,无论是传统企业转型线上,还是电商企业转型线下,都面临着线上线下不同的销售环境、不同的渠道结构、不同的生存法则的试错成本。但是,转型的趋势势不可挡,不少传统品牌如安踏、七匹狼、达芙妮、李宁、九牧王等纷纷触电,进入电子商务。根据淘宝数据,2009 年,淘宝商城男装品类前十名中只有两个是传统品牌;而到了 2010 年,前十名中只有两个淘品牌,其他的都是跃居线上的传统品牌。传统线下企业进军线上,面临线上的渠道结构是短渠道,厂家直达消费者,而线下则存在多级代理商结构,定价必须考量代理商的利益,这就造成了线上与线下的定价矛盾。

　　转型之路艰难曲折,从电商品牌线上转型线下周折反复可见一斑。天猫女装品牌四强:韩都衣舍、裂帛、欧莎、茵曼都曾对线下市场展开"攻"势,而随后又不同程度地撤回为"守",痛定思痛再"攻"。以茵曼为例,它推出了 OAO 模式(Online and Offline)和人机互动的概念,实体店内配有定制的 OAO 触摸屏,用户在触摸屏上扫描吊牌,便能看见茵曼网店的模特搭配;用户还可以直接通过 OAO 触摸屏在网上购买,并选择在线支付或货到付款,直接送货到家。如此旨在线上线下彼此导流的美好设想,即使在 2012 年茵曼的销售额达到了 3 亿元时,其业绩几乎完全得益于线上。这导致茵曼 2013 年决定只做线上,不做线下,线下的实体店全部清零。时针转到 2015 年,"茵曼＋千城万店"项目启动线下店招商计划,旨在撬动 100 亿元的线下市场。0 加盟费、0 库存、0 软装。加盟店只需几十平方米的小店,由品牌供货,款式线上线下同步更新,价格实时同步。线下加盟店的服装吊牌上无价签,顾客只有扫二维码才能获得价格,店内支持现金支付,也支持手机支付。在体验店完成购物的新会员,今后的网络订单消费额也将提取部分返还给实体店。它尝试了供应链体系、货品体系、价格体系、会员体系、盈利和服务体系的融会贯通。①

　　线下传统品牌转型线上,涌现了不少成功案例。他们

---

① 《茵曼大举进攻线下千城万店瞄准百亿市场》,亿邦动力网,2015 年 6 月 16 日。

充分理解了线上线下定价规则的变化，原来的供应商主导型定价转化成客户需求主导型定价，国美之前的零售价是"进货价加上毛利"，而现在"客户只接受 2500 元，你就是 3500 元进货，你也得卖 2500 元，因为客户不接受 3500 元。"这种转变仰仗的是国美这两年走的全渠道发展模式，即 Offline（线下实体店）＋Online（线上电商）＋Mobile（移动端）。与苏宁把重心更多地放在线上不同，国美在走线上线下融合发展之路。国美能够盈利的重要原因主要是基于国美低成本、高效率供应链的支撑，国美倚靠大家电的千亿采购平台使国美拥有较强的议价空间。

与传统的定价相比，互联网定价的生存法则是省事、好玩、省钱、定制化。例如，传统洗衣店按件数定价，荣昌 e 袋洗研究了主力消费群的特点后，为打造"省事、省钱、娱乐化"的用户体验，创造性地提出了 99 元洗一袋的定价法。他们一改传统洗衣店按不同材质计件收取费用的计价方式，改按体积收费。好莱坞女星杰西卡·阿尔芭（Jessica Alba）创立的 The Honest Company 有超过 70% 的产品由线上卖出，30% 的销售来自实体店，其中网上销售的 60% 来自多种产品包的月订购销售。组合产品包首先是"省钱"，相较于购买单品能省下 35%；其次是"定制化"，一款生活必需品包可以让消费者从 50 多种（而且还在增长）商品里任意挑选 5 种组合成包，每包 35.95 美元；再者是"省事"，Honest 每个月配送上门，无需交纳会员费，只需为递送上门的产品包付费。

笔者在浏览新浪微博时,屏幕右侧闪出一家正合意的网店图片,点击查看后发现,这家网店开设的线下体验店距离笔者步行仅五分钟路程。可以说,如果没有那条线上推送,常人无法发现这家不当街的店铺。这种通过线上精准定位与推送,结合线下体验的营销方式,既打破了旧的层级复杂的渠道设计,又改变了终端零售店必居要地的传统。

　　美国线上零售巨头亚马逊继实施"亚马逊储物柜"(Amazon Locker,即网购顾客到指定货柜提取货品)举措之后,将建立"得来速"(drive-thrus)货物自提店,网购客户可设定取货时间与地点,开车经过特定点时取货,此举把下单到取货之间的等待时间缩短到不足一小时[①]。美国线下零售巨头沃尔玛实现了网上下单,门店自提;店面缺货时,可通过网络下单;手机感应条码可获知价格,统计购物篮中

---

　　① Sophie Curtis, "Amazon Planning Drive-through Grocery Stores", The Telegraph, July 26, 2015.

的商品总额,实现快捷付款。日本零售商到 2011 年美国提出全渠道零售概念时,开始实施全渠道。[①] 在日本,有 70％的顾客喜欢门店自提。顾客在伊藤洋华堂、永旺、西友的网上超市下单,可在它们的零售门店取货,这些企业内部对门店、配送中心和网上进行了统一化管理。英国最大百货公司约翰·路易斯(John Lewis)的线上销售额已占总销售额的 30％,它巧用 O2O 打通线上线下两个渠道,线上订单可在店内提货,而即使店内缺货也能继续进行商品销售。英国连锁商超阿斯达(Asda)提供网上购物付款,实体店取货,门店配送;手机 APP 可随时比价,承诺比竞争对手便宜10％。数字营销机构 ComScore 的调查显示,在近六成进入实体零售店的购物者会选择随后在网上购物。未来物流、资金流、信息流在线上线下穿行无阻、交融共通是大势所趋,全渠道、全场景的 O2O 营销将是渠道发展的必然选择。

在中国,电商巨头与零售大亨已从较劲走到牵手,君可见腾(讯)百(度)万(达)的战略合作,阿里投资银泰商业并携手苏宁云商,京东入股永辉超市。这启发越来越多的品牌商开始实施全渠道,苏宁、国美、王府井等线下零售商已布局线上渠道,以提升线下购物体验,吸引消费者回流线下。与此同时,茵曼、百武西、膜法世家等纯电商品牌也尝

① 富基融通,《日本零售业的全渠道发展》,联商博客,2014 年 10 月 21 日。

试打造线下渠道,曾入选"淘品牌"的百武西迄今已在全国开设了100多家实体门店。而某些品牌则以产品单品切入,华为荣耀由之前单一的线上渠道扩展到线下,包括与苏宁线下门店合作,并通过O2O模式进行售前咨询、售后服务的一体化服务体系。乐视手机并未一味投入线上,与迪信通旗下4000家门店达成销售合作。

渠道是指产品从生产商到最终用户的通道。传统线下渠道有批发商、代理商和零售商,而互联网时代的消费者们因互联与自主凸显,嫌弃传统渠道的"慢"与"贵",推崇更便捷、更实惠的线上渠道。渠道具有营销传播功能,表现形式是信息流;具有销售传递功能,表现形式是物流;还具有交易支付功能,表现形式是资金流。以上"三流"除了物流,都实现了线上传输的技术,而物流也将会逐渐在某些行业实现线上传输。线上渠道让供应商与用户直接互动,了解用户需求,还省去了店面租金;线下渠道则可弥补品牌在线上被局限的影响力,增强体验,开拓新市场。全渠道发展可以让线上线下优势互补,进行关联营销。线上渠道的发展带来去中介化,对传统渠道进行改造,使生产端到消费终端的中间渠道层层剥除,短渠道营销应运而生。例如,土巴兔对接用户和家装公司,而惠装又对接用户和施工队,去掉中间的家装公司。与此同时,碎片化营销、去中心化营销、强关系营销、(移动)门店体验营销以及抓住入口的敏捷营销成为移动互联网时期渠道发展的新特点。在旧渠道营销向新渠道营销蜕变的过程中,云物流的发展将促使传统渠道商转型为配送商和散单生产商。

碎片化营销：由分众通向聚众之途

随着移动互联网的快速渗透，我国一、二线城市的消费市场呈现"碎片化"特征，消费者的购物时间碎片化，消费者的购买选择多样化，消费者的需求呈现个性化。借助于移动互联网上的社交工具和新媒体，消费者得以打破过去所受的时空限制，如散兵游勇分布在任何角落，原来弱小的声音得以放大远播，他们变得挑剔精明。新一代消费者不再盲从大众品牌，消费群体碎片化，客流呈现"分众"之态，利基市场变得多元，原来满足大众需求的量产让位于日益细分的个性定制，这促成了"姜丝可乐"等个性化产品的诞生。

用户在移动端看到一款产品，不再像在电脑上那样慢慢浏览，碎片化的关注和即时性的决定表现得更为淋漓尽致。信息传播渠道碎片化呈现细密多样，新媒体层出不穷，无处不媒体，有形媒体化于无形，QQ 空间、豆瓣、微信、微博、微视、秒拍、美拍等媒介渠道如涓涓细流，渗透在人们生活中的角角落落。意见领袖、朋友圈、自媒体、网红则是此起彼伏，众生鸣唱，打碎了传统媒体一统江山的局面。商家与用户可以 24 小时里每时每刻"点对点"地直接沟通，不必再借助于传统媒介便能打造自己的口碑与品牌，在线支付、口碑评价等应用的发展成熟使网络评价和网络信誉抵消了以往夸大其词的广告传播方式,传统媒体的话语权威衰微,以往被电视、报纸、杂志等传统媒体所聚合的大众注意力如今被稀释了。中国在线视频行业 2015 年第一季度广告市场规模达到 39.6 亿元,同比增长 48.6%①,优土、搜狐视频、腾讯视频、爱奇艺、乐视纷纷布局。

　　碎片化使传统的销售渠道式微。传统的销售渠道或借助经销商或自建网络,皆通过专属的渠道将产品销售给顾客,终端门店也表现出单一的品类经营模式。传统企业巨头娃哈哈曾经靠遍布全国如蜘蛛网般的渠道建设,使得的产品即媒体、渠道即媒体,但是不断的碎片化趋势让巨头逐渐丧失渠道优势,同时使小型企业的生存空间变大。自从移动端开始产生新的流量,传统电商平台的流量控制权逐渐减弱,PC 端的流量显得贵了,商家获取流量的成本显得高了。依靠单一的、专属的渠道来销售产品已经过时,传统的渠道规划与渠道激励难以应对渠道类型的差异化与多元化,营销人亟需解决如何规划不同渠道的战略意义,整合渠道之间的资源,规避渠道之间的冲突。

　　互联网时期崛起的谷歌传播模式靠积累用户长期频繁的使用数据,进行广告的定向投放,发展到 2010 年已占美国广告市场 71.4% 的份额,亚马逊、淘宝、当当出台的推荐购买也是根据历史数据推送,却都还未实现即时的动态传

　　①　Alo Zhu,《2016 年,你还准备投电视广告吗?》,梅花网,2015年 8 月 11 日。

播。在移动互联网时期,云计算和大数据分析技术不但可以量化跨媒体、跨渠道的市场营销效果,还可以量化广告活动各环节对销量的贡献,进而根据优化结果,实时配置各类营销活动的资源。锁定目标市场之后,根据用户的消费习惯,在恰当的时机,通过受众群体喜闻乐见的媒介,推送给消费者中意的产品或服务。的确,媒介渠道的碎片化存在从电视、PC 端到手机移动端的重心转移之"分",消费者在电视、网络、手机、户外屏幕上所花费的时间比例,从 2006年的 62%、15%、13%、10%发展到 2012 年为 32%、30%、19%、19%。[①]。而同时应看到,各媒介渠道彼此之间也存在着关联增强之"聚"。一方面,因为消费者的注意力被线上线下多渠道所分解和碎片化,在单一媒介传送太多信息易被忽略;另一方面,目前大约有 37%的消费者会在同一时间使用多块不同的屏幕[②],因此出现"第二屏"市场,即消费者通过大屏电视观看电视频道内容的同时,往往同时打开智能手机或者平板电脑的 APP,获取电视内容的周边信息,同时对电视内容和新闻事件进行评论议论。[③] 例如,被阿里收购的优酷土豆全程直播双十一晚会,其间含有大量的品牌曝光与视频广告,首次大规模引入视链技术下的"边

① 漆婷婷,《多屏整合:未来营销新概念》,《广告大观》综合版,2012(11)。

② 同上。

③ 晨曦,《Facebook 首次直播重大事件争夺"第二屏"市场》,The Next Web 中文站,2015 年 10 月 14 日。

看边买"电商新体验。未来的媒介渠道战略将是"多屏整合":一次完整的媒介传播将被拆分到不同的线上线下的媒介渠道上,且在同一时间里,充分利用各块屏幕的特征达到最优的传播效果,整合起来才是一次完整的内容营销,以提高信息传播的高效性与立体化。为了使所有渠道的内容像水一样无处不在,互相借力,润物细无声地渗透到消费者的生活当中,营销人不仅要提出行云流水的策略、亮点频出的创意,更需要善用线上线下整合营销传播之道,让消费者由多个时空交错完成信息接触的方式,品牌在所有时空中传递的信息最终汇聚成一个完整的品牌形象。可口可乐靠七家服务公司共同完成昵称瓶推广,而 NIKE 奥运期间则雇佣了三家广告公司。

用户媒介接触习惯的碎片化也引发公关传播渠道的碎片化,曾经适用的标准化公关流程面临变革,一份新品发布会的邀请函、一次企业年会老总的装扮、一组形象海报所传达的气息、一个消费者的体验视频乃至一份企业的招聘启事,每一个细节都成为公关的素材,公关工作方式被碎片化,公关工作时间被切割,工作内容更加复杂凌乱,24 小时应急、扁平化、蜂巢式的"碎片化"公关生存兴起。每个人都能发声的自媒体时代还会暗礁密布,美团网 2015 年曾遭遇被传"融资失败"的密集性恶性黑公关事件,造谣者假投行人士之名在知名网络社区匿名发帖,编造"美团融资失败"等假新闻,随后各路自媒体、论坛、微博、博客等纷纷转发传播,成为制造恐慌的推手。类似黑公关事件,小米和阿里都曾经遭遇,领先企业不得不随时准备应对纷繁复杂的黑公关事件。

　　碎片化之辩证法在于"分"是从面目模糊的庞大社会大众的总体中,分出清晰的有个性特征的小族群来;而"聚"则是将有着同一价值追求、生活模式与文化特征的众多个体,以某种传播手段和渠道平台聚合到一起。"分众"逐渐被"聚众"取代已成为碎片化时代的营销方向。① 未来的渠道是以人为中心,物和信息围着人转,由人去支配物流和信息流的流向与运转。从前由零售渠道商来定义商圈,而现在由消费者的位置来确定商圈,是随时可能移动的。移动互联网、智能设备、地图导航等方面的成熟赋能路线引导和网络推荐等场景技术,它将使店铺的位置和地段变得不再具有决定性意义,所谓地段较差的店铺会被赋予新的价值。60%的日本零售商做 O2O 的原因在于,力求在以消费者为中心的商圈里出现自家的零售店。在这种态势下,用户所见即所得,所想即所得,渠道对消费者的需求洞若观火,了解消费者的作息、习惯与偏好,预知消费者下一步的购物时间与倾向。

　　以人为中心进行聚众的重要手段是粉丝营销,碎片化将很难第一时间导入大量用户,第一批铁杆粉丝将是种子用户,锁定他们精耕细作,将之培养为忠诚用户,形成口碑

---

　　① 高海霞,《碎片化时代的营销"聚"模式》,《企业研究》,2010 (10)。

通路。通过粉丝营销聚合成社群,基于人口特征、消费习惯、地理位置、生活方式等特征自然聚合的社群成为新型商业生态圈的雏形,社群通过内容传递产生交易,群友了解彼此喜好,互信彼此的推荐,较易满足对方。"85 后"和"90 后"是微信购物的消费主力[①],90 后已成为活跃发言人、活跃群主以及兴趣部落的主力。面对用户、媒介乃至经销渠道的碎片化,每一个族群和用户都可能成为一个或多个渠道,它们是社交营销的土壤,洞悉每一个细分的个性化族群的特征,通过社交互动植入广告信息,以用户体验的方式进行潜移默化的营销推广。例如,优衣库于 2012 年开辟社交购物模式,在手机上和 PC 端设立了独立的社交网站,利用"领先用户"(即先行购买或使用了商品的顾客)对商品的评价,来引导、激发其他顾客产生跟随购买。当其他顾客看到好的评价,就产生购买行为。同时,厂商也通过这种方式直接快速地收集顾客建议,从而有针对性地开发新产品。营销必须有情感,前期靠低价吸引的效果会随时间推移而递减,现在靠服务给用户带来更好的体验,以此建立情感,减少粉丝流失,增加忠诚度。亚马逊 2.5 亿美元收购《华盛顿邮报》后,向所有的亚马逊 Prime 包邮会员提供免费六个月的阅读,诞生于 2005 年的 Prime 会员制已拥有会员 4000 万。这种战略就是首先通

---

①　易观智库,《2014 年微信购物发展白皮书》,中国电子商务研究中心,2014 年 12 月 25 日。

过服务,建立庞大的忠实客户群,随后利用这些粉丝群体获取后续的利益。

全渠道打造生态营销

"全渠道零售"(Omni-Channel Retailing,也译为泛渠道)一词于 2011 年由美国人提出,贝恩全球创新和零售业务负责人达雷尔·里格比(Darrell Rigby)指出,"全渠道零售"意味着零售商将能通过多种渠道与顾客互动,包括网站、实体店、服务终端、直邮和目录、呼叫中心、社交媒体、移动设备,上门服务等。[①] 法国管理软件公司施易得(Cegid)产品零售主任蒂埃里·博登(Thierry Burdin)认为全渠道零售是从单渠道(Mono-Channel)到多渠道(Multi-Channel),再到交叉渠道(Cross-Channel),最后到全渠道的演化结果;四个阶段分别对应"砖头＋水泥(brick＋mortar)"阶段、"鼠标＋水泥(click＋mortar)"阶段、"砖头＋鼠标＋移动(brick＋click＋mobile)"阶段和"鼠标＋砖头＋移动(click＋brick＋mobile)"阶段。实体店为单渠道,实体店和网店并存是多渠道,实体店加网店和移动商店是跨渠道,而全渠道是网店的重要性超过实体店的跨渠道状态。

[①] Darrell Rigby, "The Future of Shopping", Harvard Business Review, Dec. , 2011:64—75.

　　全渠道营销是指企业在全部渠道范围内,针对目标顾客对渠道类型的偏好,整合传统渠道、电商渠道和移动商务渠道的选择,无缝链接消费者在不同渠道的购物体验,定向匹配 4P 营销要素的策略行为。传统渠道包括有形店铺(实体自营店、实体加盟店、实体专卖店、百货商场、大型购物中心、集成店、超级终端、异业联盟等实体店铺和服务终端)和无形店铺(上门直销、直邮和目录、呼叫中心、电话购物、电视商场);电子商务渠道的类型包括自建官方 B2C 商城、电子商务平台(B2C 第三方平台、垂直平台、特卖平台)如淘宝店、天猫店、拍拍店、QQ 商城店、京东店、苏宁店、亚马逊店、E-mail、游戏机等;移动商务渠道的类型包括:移动设备、自建官方手机商城、自建 APP 商城、微商城、社交媒体、微博、QQ 空间、微信公共号、移动商务平台如微淘店等。

　　我国渠道演变经历了三步曲:单渠道时代、多渠道时代、全渠道时代。[①] 1990—1999 年的单渠道时代是砖头加水泥,实体店铺日益繁多,巨型连锁超市如家乐福、沃尔玛与苏宁、国美等垂直连锁发展迅猛,但其困境在于渠道单一,实体店仅能覆盖周边顾客。2000—2012 年的多渠道时代是鼠标加水泥,天猫、京东商城等电商大展拳脚,厂商开始尝试线上和线下双重渠道,但是分散的渠道各配人马,内

---

　　① 吴勇毅,《机遇与挑战并生,酒业全渠道时代兴起》,中国酿酒网,2014 年 11 月 26 日。

部管理成本上升，外部价格、促销和服务各自为政，恶性竞争造成资源浪费。2013 年开始到来的全渠道时代是鼠标加水泥加移动网络，"渠道为王"转变为"用户为王"，企业注重顾客体验，向全渠道转型。在此历程中，供应商原先受控于销售渠道，需承受进场费、推广费和账期金融，随着社交媒体、移动设备、联网游戏等新型信息传递渠道的普及，供应商有能力直接对接消费者，销售渠道囊括了线上渠道、线下渠道、自营经销商渠道、直营店，从而减少了被电商平台和传统渠道的挟制。O2O 的革命性并不在于令渠道商消亡，而是让他们更好地服务于用户。对于消费者而言，线下实体店、线上电子商务或移动端已经没有边界、顺序和轻重之分，渠道之间自由转换成为消费的最大特点。

　　欧美百货业完成了从单一渠道向多渠道的进化，已向全渠道零售阶段过渡，梅西百货是其中一个典型代表，从 1996 年公司网站开通当年收入仅 3 万美元，发展到如今线上业务年销售额过 10 亿美元，梅西百货靠的是多渠道策略，它为了给顾客打造出贯穿多种购物渠道的、无缝的购物体验，把全美 800 多家门店转化为配送中心，使线上购买的商品可以从线下商店送达消费者，网购商品也可以到实体店直接退货。梅西百货还推出多项互动性的自助服务技术，不仅移植网上购物体验，还在其网上商城融入实体店特性，其全渠道项目包括搜索与递送服务（将梅西的后台库存系统整合进店铺前端的零售收银系统，销售人员可以从网上搜索近千家店铺中合适的商品为顾客下单，把商品直接递送到顾客家里)、美容站点(即安装在实体店里的自助服务机,顾客能够在这台机器上搜索化妆品库存、了解和研究产品功能,以及进行购买)、电子屏(查询网上顾客评论、在社交媒体上分享购物清单、进行一站式自助购物以及送货管理、价格查询机还能向顾客推荐商品)、真试衣(梅西网上商城上帮助顾客精准选择的应用工具)、客户响应设备、开通店内 Wi-Fi、配备电子收据、在推特和脸书上开设账户。梅西百货根据场景设计全渠道营销,曼哈顿旗舰店部署了 IBEACON,入店消费者会收到提示开启 APP,完成双向确认的签到(尊重消费者隐私的核心步骤),接着入口的传感器会推送促销信息、电子优惠券等。消费者每经过一个区域,就可以从智能手机 APP 中浏览到附近区域商品的促销情况,并查询评价、商品原料和价格比较等详细信息。消费者还可设定特定商品加以关注,一旦经过相关商品都会得到精准提示,甚至出现针对特定消费者的特殊折扣和电子券,该步骤还可以无缝链接到虚拟渠道和社交媒体。最后,顾客可以自扫商品上的条码完成移动支付,其 POS 机可以下电子订单,也可以在有人或无人的收银点通过传统方式或者非接触电子钱包完成支付。

如前文所述,一家企业面对传统渠道、电商渠道和移动商务渠道的选择,多到无法一一普及,全渠道固然具有业内公认的全程(与消费者在搜寻、比较、下单、体验、分享的关键节点保持零距离接触)、全面(跟踪和积累购物全过程的数据,与消费者及时互动,提供个性化建议)、全线(线上线下全渠道融合)三大特征,但是,其中精髓是"生态"。全渠道零售需要考虑零售业本质(售卖、娱乐和社交)和零售五流(客流、店铺流、信息流、资金流和物流)所发生的变化,根据目标顾客和营销定位,进行多渠道有机整合的策略决策,重在打造"以用户为中心"的线上线下渠道的互动、协作与共赢,并非贪求所有渠道全面铺陈,而渠道之间却支离破碎甚至互相掣肘。例如美邦等传统服饰试水电商时,新举措在后期加剧了其与加盟店乃至直营店的矛盾,三种渠道上的款式、价格和折扣活动难以协调,让美邦的库存更加满仓。①

　　全渠道战略是真正以消费者为中心,建立一个 360 度连贯视图,使顾客无论在任何时刻、任何地点都能买到自己想要的任何东西,所获得的购物体验也是一致的、无缝的,比如统一互通的积分和风格一致的体验。因此,各个独立运作的渠道整合起来,并不在于单一渠道的最优或最强,而是各个渠道之间达到高度协同,这必然要求线上执行能力、店内技术设施乃至供应链上的所有库存都为全渠道顾客而准备,为所有顾客共享。可见,全渠道布局是以信息化为支撑,将线上线下的信息流、物流和资金流进行整合互通,商家的供应链和运营模式乃至会员、订单、商品和库存管理皆

---

　　① 张书乐,《从年净利润超 10 亿沦落到亏损,美特斯邦威还"有范"吗?》,虎嗅网,2015 年 10 月 12 日。

需全盘调整。信息流中的商品、企业、会员、订单信息,都能在线上线下渠道之间打通,才能快速准确地识别用户身份,精准地推荐产品和提供个性化服务;迅速定位离客户最近的门店,线上用户可以到门店体验和取货,有利于刺激其他商品的关联营销;商品编码线上线下对应,同时精准对接库存信息,整合商家的多个线上渠道及移动端,避免出现超卖等风险。例如,日本东急百货打通网店商品和库存商品的信息,虚拟库存统一管理,并且做到可视化,每1.5小时库存信息更新一次,实现了同一业态下的库存数据打通。

美国IBM在2014年发布的一项针对全球3万名消费者的调查报告结果可作为企业目前自查的依据,消费者最关心的五项全渠道能力分别是(从高到低排序)[①]:1.保证跨渠道商品价格的一致性体验。2.在实体店铺发生顾客所需商品"缺码断货"时,能够异店或者从仓库直接快递至指定地址的体验。3.可以对各渠道订单进行实时跟踪的体验。4.不同渠道稳定的商品分类的体验。5.能够在店完成虚拟渠道订单的退货体验。为了实现衔接顺畅的全渠道生态营销,国美在线将用户体验细分为23个大环节63个细节,例如将用户购物流程中涉及用户体验的各个环节进行了拆解,大项包括首页、搜索、列表、商品详情页、购物流程、支付、取消、交付、退换货、会员共十项;在每个大项下面再

---

① 尹松,《从美国零售的全渠道玩法看中国O2O弱在哪里》,i天下网商,2014年3月12日。

细分若干小项,比如支付环节就包括支付转化率、支付成功率、支付转化页退出率、三方支付平台页退出率、出库效率、出库服务体验、出库功能、出库客服满意率、妥投效率、妥投服务体验、妥投功能、妥投客服满意率等。

打造生态营销乃非一蹴而就、一日之功,全渠道营销可以从点做起,以点带面。巧用痛点营销是从点上突破的方法之一,零售商因断码或缺货而损失销售额超过17%,针对此,阿迪达斯在店里安装一个数字鞋架,如同一个放大了的 iPad 挂在墙上,消费者可在数字货架上选择产品,并从任何角度查看产品,旋转、放大,得到更多鞋的产品信息。一间阿迪达斯实体店可能只能容纳 500 双鞋,但这个数字货架能容纳 10 万双鞋。数字货架极大地改善了消费者的体验,解决了实体店缺货的痛点。

不少企业从社会化媒体入手挖掘潜力市场,美国的时尚百货店杰西潘尼(JC Penny)在脸书上直接开设了网店;巴西第二大的百货零售商 Magazine Luiza 正尝试通过脸书为顾客提供自己店内的产品,让顾客发挥想象力在脸书上装扮自己的门店,并与其他社交网络上的朋友分享,也可以在线点击购买。

通过促销活动导入全渠道营销,引导客流路径,为长期全面铺开全渠道试水。宝洁曾携手旗下 OLAY、飘柔、博朗、汰渍、帮宝适、舒肤佳、佳洁士、欧乐-B、帮庭等品牌,推出为期一个月的大型送“福”新年营销活动,销售渠道覆盖线上八大电商平台(1 号店、天猫、京东、亚马逊、当当、乐蜂网、易讯、苏宁易购)和线下六大商超全国门店(沃尔玛、华润万家、大润发、乐购、家乐福、麦德龙);并在广州机场设置"机场概念店",有销售顾问全程陪同和引导,让消费者直接体验产品,店内设置与1号店合作推出的"产品购物墙",消费者扫描产品墙上产品图片中的二维码,通过移动终端就能实现现场购买,线下体验、线上付款,商品直接到家。2014年"双十一"期间,银泰全国49家门店尝试打通天猫全渠道会员体系,当天银泰百货各门店客流量达90万,销售额超过2亿元,到店人数和销量同比增长3倍以上,当天共有3000名线上消费者线上下单线下当场取货。经此一试,2015年"双十一"期间,银泰所有实体门店将和天猫全渠道打通,实现"银泰天猫价、天猫银泰货"。

　　线下企业还可通过牵手电商平台搭建全渠道。步步高为推进全渠道战略,与当当网在商品销售、线上线下资源共享、仓储物流配送、开拓快销品市场等方面进行深度合作,当当网在公司云平台上开设线上当当书店频道,公司在当当网网站开设云猴全球购频道,双方在线上互相导入商流、客流等资源;步步高在其物流配送覆盖范围内,为当当网提供商品的仓储、物流配送等服务;双方采用多种合作模式并联合其他线下零售商,共同开拓全国范围内的线上快销品市场。奥马冰箱针对其产品性价高但品牌知名度低的特点,瞄准不看重广告更看重网络评论和口碑的"90后",2011年进入京东商城,2013年的销量就在冰箱中名列第一。苏果旗下超市接入华润万家旗下"e万家"跨境电商平台,在门店扫描商品二维码,即可快速下单购买跨境商品,此举离不开苏果门店的电子价签与 e 万家跨境购后台数据彼此打通,一旦商品售完或价格波动,电子价签会实时显示。

企业还通过并购实现全渠道战略,沃尔玛通过股权购买将 1 号店全盘纳入整体战略,它所拥有的强大的全球采购资源、众多本土门店和完整供应链等优势,与 1 号店强大的线上资源及后台系统相结合,将有利于营建全渠道的生态效应。京东出资 43 亿人民币收购本土连锁超市永辉 10% 的股权,旨在实现两家企业在采购、仓储、互联网金融、IT 等方面的协同效应,为两家公司实现全渠道战略铺路。阿里巴巴以 283 亿人民币收购了苏宁 19.9% 的股权,同时,拥有 1600 多家实体店的苏宁出资 140 亿人民币获得阿里巴巴 1.1% 的股权,互持股份使苏宁获得了阿里巴巴超高的线上流量、线上宣传、互动以及会员大数据营销,而阿里巴巴也可以充分利用苏宁庞大的线下网络,分享配送、物流、售后等设施与服务,实现苏宁门店与阿里巴巴平台的全渠道整合。

短渠道催生扁平化营销:O2O＋F2C＋会员制

渠道,依据中间商数目的多少,可分长渠道与短渠道,经过的流通环节越多,分销渠道就越长,反之就越短;依据中间商介入的层级,可划分为零级、一级、二级、三级等渠道。渠道设计的好坏直接影响到企业的收益与发展。一般而言,经过两个或以上中间商环节的长渠道比不经过中间商环节或只经过一道环节的短渠道具有更大的市场扩展的可能性,但企业对渠道的把控力变弱,信息反馈能力更差。短渠道虽然节省流通成本,信息反馈迅速,但是生产者因承担较多的中间商职能常常会分散精力。目前在我国,以金字塔层级为代表的旧的长渠道模式由抗衡以扁平化结构为代表的新型短渠道模式,正在发展为并行与融合。

　渠道扁平化,亦称通路下沉,我国无论生产商还是零售商都经历了渠道扁平化的发展历程。生产商以联想集团为例,它于20世纪90年代中期实行代理渠道制,在全国发展了几千家分销代理,由分销商再延伸到零售商。随着产品线的增长,这种长渠道的管理弊端凸显,通路难以实现共享的效率。1998年始联想引入专卖店的特许经营模式,加速构建直营店。2000年底联想专卖店的销售增长超过了分销和代理。2004年联想建立"通路短链＋客户营销"的新渠道模式,推行更短的渠道,强化以客户为中心的营销模式,赢得了竞争优势。零售商以国美为例,以前的渠道模式是一级市场带动二级市场,而随着二级市场高速增长的态势,国美把二级市场独立出来。原来由四个大区管辖54个分公司,调整为七个大区直接管辖200家分公司,即将原来二级市场里的146家分公司独立出来,直接划归大区管辖。这种渠道扁平化的改革旨在提升供应链的效率,优化顾客的消费体验。

互联网让世界变"平"了,移动互联网使渠道变"短"了,网上交易市场为短渠道策略创造了条件,扁平化营销成为趋势。过去,企业代理从省级、地级到县级,可能经过二级商,最终才到零售门店,渠道最多能抵达三、四线城市。现在,智能终端使渠道可以下沉到以往无法触及的 4 万多个乡镇、77 万个村,层级复杂的传统渠道如今被压扁,很多企业将渠道压缩到三级,甚至做到企业直供。扁平化营销有利于企业直达县级和乡镇级的渠道,这级渠道费用相对较低,市场潜力较大,2014 年农村网购市场总量已达 1800 亿元。例如,与孩子王、乐友、贝贝熊主要攻克一、二线市场不同,优爱妈咪基于其代理国产品牌,瞄准了安徽、河南、山东、江苏等省的地县市场,通过系统门店扩张与自有线上系统销售平台,尝试解决农村、乡镇市场"最后一公里配送"问题,通过线上下单线下统配,利用线下众多实体门店实现线上与线下的结合。①

最为彻底的短渠道以 F2C(从工厂到顾客:Factory to Customer)为代表,F2C 指的是厂商直接面向消费者,产品从生产线上下来直接送达消费者。移动互联网缩短了消费者和品牌商的距离,一方面赋能消费者以更多、更透明的途径接触品牌及其竞品,另一方面让品牌商通过与客户直接沟通,及时捕捉消费者复杂多变的需求。行业价值链势必

---

① 《奶粉行业:短渠道下沉破解 O2O 难题》,新华食品,2015 年 3 月 31 日。

重构,供应链正在变短、压扁,零供间的联系更为直接,旧有的网点多寡的渠道理念让位于是否直达用户,过去那种层层代理、层层加价的分销模式遇到挑战。品牌商掀起一场脱媒运动,很多原来的中间商逐步地转化为服务商,供应链的F2C趋势显著。剔除了中间的渠道商,质量和服务得以保证,价格比同类型产品更便宜,F2C模式借助于互联网与在线支付而迅速盛行。小米成功的核心原因在于压缩了长渠道,提升了供应链的效率,手机还未产出时,通过京东商城2分钟就预售了30万台,机器直接送到配送站,跳过库房,直接送达客户,在全国数百个城市包括农村的用户都能24小时收到货。相较之,传统渠道要通过层层批发,物流先到零售商库房,再到配送站,手机从生产出来到铺完渠道却要15天的时间。

　　把供应链条压扁、减少中间环节是利于顾客的商业模式。不光是数据流,产品流、资金流和顾客流都将追求扁平化。然而,受发展阶段所限,F2C模式的厂商还无法提供并保障完美的用户体验,因此短期内尚无法完全脱离实体店,加之消费者也需要进行线下体验,并要求厂商完成线下认证、银行信用担保、保险公司风险担保等一系列动作,这决定了现阶段国内"O2O＋F2C"混合模式的必然性。O2O建立了线上消费者和线下商家之间的系统连接,实现供应链上各要素的可追踪、可衡量和可预测。周黑鸭扁平化营销的策略是坚持从原产地采购原材料,坚持开自营门店不做加盟店,直接面对消费者,坚持整个供应链采用全程冷链。

这种扁平化营销模式能进一步降低成本,减少不必要的产品加价。[1] 可见,对于已在线下广泛布局直营店的品牌商而言,O2O 是降低物流成本的最佳方式,周黑鸭利用淘宝渠道总销售额的 18% 需要支付给物流[2],打点人力和建仓,幸好它有线下直营门店 600 多家,通过打通线上线下库存体系,顾客线上下单后,由附近门店负责最后一公里配送,这样不仅可以大大提高效率,也为门店提供了导流。由于品牌公司能提供优质的服务和较好的用户体验,较易实施"O2O + F2C",如欧丽莱、魅族、宜家、迪卡侬、乐豪斯、ZARA、H&M 等品牌。自营终端的渠道模式还越来越多地被家电品牌所认可和实践,例如海尔旗下的日日顺家电连锁专卖店,作为海尔拓展三四级市场的桥头堡,日日顺迅速建成了以县网为核心的县、镇、村三级网络体系,实现了商品目录册、网上商城、实体店三位一体的复合型终端业态。

会员制指消费者通过一次性消费成为会员,终身享受产品折扣,同时有机会参与到产品流通过程中的利润分配。未来的"F 端"不仅仅卖产品,同时重构粉丝,建立社群,通过社群反向定制,实现预售。除了价格和品质的保证,合理的会费设置有助于建构较强的用户黏性,还可以成为主要的盈利渠道,实现产业链共赢生态。会员制还有利于客户

---

[1]　孔宪未,《近两成收入给了物流周黑鸭电商如何开源节流》,天下网商,2015 年 9 月 14 日。

[2]　同上。

关系管理,提升用户体验。企业之所以能设定一个把非会员排除在外的门槛,须有一套提升用户体验的优惠政策来说服客户。亚马逊的会员服务 Amazon Prime 含有吸引消费者的优惠政策,如免运费、两日送达服务、在线观看 4.1 万部电影和电视剧集、50 万本 Kindle 电子书的借阅服务等等。当日送达电商服务 Google Express 需每月付 10 美元或每年付 95 美元成为会员,可享受订单 15 美元以上免费同日送达、快递可享受优先服务。而有的公司的商业模式完全倚赖会员制,会员制购物俱乐部 Jet 的所有用户每年交纳会费 49.99 美元,其利润来源只是会员每年缴纳的会费,并不通过商品交易赚钱;会员可购买到比别处便宜 10%—15% 的商品,而且当会员一次性购买商品越多,商品的价格就会一定程度下调,实现会员利益最大化。国内 O2O＋会员制的创业模式刚刚兴起,纷纷惠家是面向家庭服务的会员制 O2O 平台,抓住了家庭生活如卫生纸、米面粮油等用品周期性购买的特点,其会员购买商品时,价格近乎进货价,而非会员则需支付 10% 的商品价格服务费。纷纷惠家采用厂家直供模式减少了商品流通中间环节,降低了加价空间,通过大批量采购和大包装形式来压低成本。

中间渠道将为配送、散单生产和融资提供支持

物流和快递的速度与质量已经成为 O2O 商业的核心价值之一。在 O2O 时代,供应链中所涉及的客流、物

流、支付、技术平台和采购体系会逐渐开放成基础设施，谁能控制住其中之一，谁就将成为未来的巨头①。传统物流成为制约电子商务发展的瓶颈，物流的未来在云。云物流是集成处理从制造、运输、装卸、包装、仓储、加工、拆并、配送乃至清关等各环节的相关信息，并通过物流信息平台快速准确地传递给供需各方。各类企业尤其是小微企业，可以依靠云物流得到相应的服务资源。先进的信息系统可将生产商、批发商、连锁商场及其他客户联网，把收货、储存、拣选、流通加工、分拣、配送等物流活动整合起来，协调一致指挥管理，控制各种物流设备和设施高效率运转。

在企业内部，应用系统日益繁多，各个独立的应用系统亟需整合成一个有机的物流供应链系统。上海致全信息科技公司基于云平台管理（即企业应用整合框架，eAIF：Enterprise Application Integration Framework），消除企业信息孤岛，实现异构系统的信息共享和统一报表展现。云物流为库存管理和配送管理的优化提供了药方。库存策略、订货策略、配送策略以及资金流可以加以计划和管理，采购商和供应商的库存和资金周转效率得以加快，不仅降低双方的综合成本，还保障了产品的可获性，从而优化分销体系的运营。配送方面可望实现满足企业需求的定制方案，通

---

① 张波，《O2O：移动互联网时代的商业革命》，机械工业出版社，2014。

过互联网技术,广泛运用电子标签、条码扫描,采用小批量、多频次的送货方式,对物品进行按单拣选、加工、包装、分割、组配等作业,实现物料出入库系统自动输入,并按时送达指定地点。

在企业外部,云物流可望发展出一种加盟模式,在需求一端,汇总大量客户发货信息,并对订单信息进行初步处理;在供给一端,通过信息化系统整合小物流公司的分散运送能力,小快递公司通过访问云物流平台可以获得客户、取货、送货。引入云物流的星晨急便公司集中处理海量的运单信息,小快递公司只需要一个电脑,就可以访问其平台,获客、取货、送货。通过这种加盟模式,星晨急便吸引了覆盖全国2600多个城市的众多民营快递公司加盟。

传统代理商们有可能转型为专业化的配送商,包括品牌商的加盟门店也面临这种出路。当顾客购买商品的订单数据传送到云上,云立即做出反馈,将订单信息传送到离顾客最近的终端店铺,而该店铺可能离顾客家不到一公里。这些覆盖全国的渠道层级与网点,一旦加入配送商的行列,必然与申通、圆通、中通、汇通、韵达、顺丰、京东、淘宝菜鸟和中国邮政等物流商展开激烈竞争,重新洗牌,其结果是物流的精细化运营、专业化发展与垂直细分,在速度之上,专业性成为物流的核心竞争力。例如海尔的3万多家门店将可能成为家电配送、安装、服务的物流公司;华联超市遍布全国的2万多家社区超市将可能成为零食、生鲜等的配送公司。

在云物流的配送服务转型之后,终端渠道将改变获利方式,即由传统的赚取零售与批发的价差,改为专业计件配送,收取服务费。云物流还将推动散单化云生产,未来的产品将基于数据化的解决方案开展研发,而生产可被分散在终端,例如,品牌商研发出花瓶的数据解决方案,生产可能发生在家里,也可能发生在附近的配送商那里,生产设备是一台3D打印机,配送商负责储备打印材料,送到顾客家里可能仅需几分钟,几秒钟便能下载完毕花瓶的数据包,打印花瓶可能只需半小时。因此,未来的终端渠道集仓储、配送、散单生产于一体。可见,云物流的发展将重新定义传统零售终端的格局,核心商圈零售终端的地位将受到冲击,社区周边、写字楼周边、商圈周边等二类地区的零售终端可望走俏,它们将演变为云物流的仓储和配送点,核心商圈将转化为品牌商为消费者集中提供展示和体验的品牌地标。

新型的渠道将现身为虚拟生产平台,控制和管理订单的执行进度,以指定的标准验收合格后,交付指定地点。它能优化全社会的生产制造设备效率,为企业节省固定资产投资的费用,实现生产人力在不同生产周期的弹性配置,推动原材料供应资源的最佳配置。例如,金易达直接承接客户的采购订单,经内部订单分解后,整合行业内上下游的各项资源,在国内外寻找原材料供应商与生产基地的最优组合,进行订单生产。它提供从原材料采购、代垫货款税款、进出口通关、配套分拣配送、外包加工制造、产品验收、成品交付到结算返利等全程供应链服务。

新型渠道将擅用互联网、大数据、云计算等技术，对接各类金融资源，为物流金融、应收账款融资、动产质押融资、预付款融资、外贸融资、供应链财务等提供支持。金易达与多家银行达成战略联盟，构建了在线供应链直融新模式，乃至推进应收账款证券化，围绕优质大型企业，为供应链上下游的中小企业提供在线直融服务。它将盘活产业链存量资产，令中小企业实现轻松便捷的融资，切实解决大企业拖欠小企业资金问题。

微商：一度迷航的去中心化营销

"微商"是主要借助微信和 QQ 空间来进行商业服务、产品销售和信息交流的一种新型的销售渠道。微商出现的初期阶段可以追溯于较早期的海外代购，使用的工具较多的是淘宝和微博。2011 年起，在淘宝推广成本不断升高的背景下，微信的出现让海外代购商们发现它是一个零成本推广、便于图文沟通的平台，便转移到微信上做微商，主要利用微信上的朋友圈、微信服务号、微信群等三个渠道，产品范围也逐渐从海外代购往国货扩展，发展迅猛，尤以 2014—2015 年上半年期间形成一个爆发期。从 2015 年至今，之前通过粗暴扩张而拼命囤货的方式，压垮了一批微商，死掉了一批微商，微商逐渐走向了较为成熟的、理性的发展道路,从业领域也在进一步规范。鉴于发端于电商,微商的发展模式可以大致归纳为五种:B2C、B2B、O2O、F2C和 C2C。

传统的零售渠道以批发大流通、购物中心、百货公司、专卖店和商超为主,这些线下模式代表着中心化的业态,即将人流、物流和服务集聚在某一个地段,便于商品的展示、体验与交付。随着淘宝、天猫、京东等电商的冲击,以上传统零售渠道的局限凸显,被动等客、时间冲突、购物耗时,加之,80 后、尤其 90 后不爱逛店的购物习惯日益明显,他们偏爱手机下单和送货上门,这一切导致线下零售渠道面临着客源不足的困境。

2013 年 7 月 9 日,微信推出支付功能后,2014 年掀起了微信朋友圈卖面膜的大潮。目前很多线下化妆品企业韩束、百雀羚、韩后、兰瑟、霸王等品牌均已进入微商渠道。微盟发布的《2015 年 Q1 微商报告》显示,微商从业者已达到1007 万,市场规模突破 960 亿。微商从卖面膜占 90% 开始,逐渐扩展到护肤品、美妆,后来到养生保健,再到零食特产、珠宝首饰、家居生活和定制服务。微商最初的爆发期迅速窜出成功案例,思埠集团从 2014 年 3 月正式做化妆品微商,当年 11 月流水就达到 20 多亿元,随后以 2501 万元夺得 2015 年 CCTV 春节贺岁套装广告的第六位置。[①]

---

① 郭娟,《微商有大泡沫,但中国电商格局正在被重塑》,钛媒体,2015 年 9 月 6 日。

然而,微商发展却也一度迷航,有一部分人打着微商的幌子,做着层层代理的传销,组建微信群,靠拉人头圈钱,鼓动群友批量订货,商品滞销后,群友再建群、再分销,由此最多时发展出八、九层以上的佣金。此外,微商短期逐利的发展过程中,价格堪令人称奇,思埠的黛莱美面贴膜一盒零售价198元,中华神皂的终端价格可达168元,这中间必然驱使大量微商为了拿到很低的价格,进行大量囤货。其必然趋势是最终造成供大于求,导致2015年5月国内大多数微商经历了销售额的断崖式下滑。在这个过程中,乱象丛生,对经销商缺乏扶持和培训,产品讲解大而化之,产品质量和购物体验难以保证,出现蹿货、乱价、三无产品。

而实际上,微商是一种去中心化的营销渠道,是移动社交电商的代表。微商为商家提供了贴近消费者的便捷渠道,绕开了传统渠道与电商平台的高额推广费,是小、微企业的福音。要看到,微商发展过程中,逐渐沉淀了一批严肃的经营者,他们往往在推广产品之前,经过亲身体验并认可后才决定推广。亲身体验使微商对产品的描述更加贴合实际,发挥了口碑传播的精髓。而且,借助于移动互联网和社交媒体,微商的传播速度与精准影响力远远超过了以往的传统渠道。基于熟人推荐的营销方式,的确看到了朋友圈存在着真实的购买需求,原本因兴趣、爱好而圈成的社群交流最终可实现信任背书,衍生出具有商业价值的交换。对于终端客户而言,通过微商购物的确更省钱,而同时通过分享和推广又能赚钱。对于创业者而言,不做长链的微商门槛较低,拿了单子叫厂家去发货,只要投入手机和上网费理论上就能做微商。

除了散兵游勇的微商发展,零售巨头国美通过探索微商模式,尝试了蜂巢式的组织变革,已设立 2.6 万多个移动微店,计划发展到 10 万家微店。国美近 30 万名员工可在国美微店 APP 或者微信商城开设微店,销售可获得与线下门店基本一致的佣金。微店内 60%—70% 的商品是公司基于国美大数据工厂对消费者需求的精准分析而推荐的热门商品。微店根据顾客的需求偏好进行一对一服务,满足客户的个性化需求,解决售后疑难问题。集团对于店主更多的是服务而非管理,组建起以微店店主为决策者的小微创业团队,可以根据客户需求来要求总部及分部的采购、物流、售后、金融、技术、运营和营销等团队提供相应的支持。[①]

美妆品牌"三九美源坊"在开始涉足微商时,曾经尝试过使用"吸粉神器",该软件通过设置一定的年龄阶段、地域范围、行业领域可以加入陌生人。但是实践效果并不明显,这种"机器加陌生人"的做法被证实走了一个弯路。经过摸索与调整,"三九美源坊"最终走出了一条 O2O 的微商发展之路。"三九美源坊"的微商代理通常有两个店铺,一个是线下的实体店,另一个是在"三九商城"的虚拟铺,这两个店

---

① 屈丽丽,《国美蜂巢式变革 十万微店"工蜂"出动》,中国经营网,2015 年 6 月 5 日。

铺的销售价格完全一样，两个店铺的会员信息可以即时互通。无论是在线上店还是线下店发生的购买，"三九美源坊"都会将其中的利润差全部归口到实体店。"三九美源坊"推荐线下实体店使用基于微信公众号开发的"三九商城"，同时也鼓励线上的微商代理到线下"落地"开店。这种O2O的模式使"三九美源坊"得以在全国铺开仅为三级的短渠道，并使渠道可以直接下沉到县城，渠道层级从"三九美源坊"直接到县城，然后到乡镇，目前正在规划进一步下沉到村。O2O的发展战略使"美源坊"不仅实现了线上线下的互相导流，而且有利于长期的品牌建设和客户关系管理，发挥了微商作为去中心化的推广形式的优势。

　　"三九美源坊"总结出了两条成功经验，第一条是立足自有会员，结合微商平台，发展微商代理。"三九美源坊"发展的微商会员目前为止约为8万，他们都是购买过其产品的人，其中循环购买的黏性会员比例达到50%左右。这些会员一方面来自于O2O模式下的线上、线下店的会员导入，另一方面就是通过与"微创网"①合作，采取资源共享、共同发展的合作模式，吸引了较多的来自线上的新代理。"微创网"和"三九美源坊"除了不定期共同开展让利型推广活动外，长期共建了20多万人的QQ群，而群里的每一个人还拥有自己为群主的小群，里面有成百上千的成员，因此

---

　　①　一家专业聚集微商代理的平台，始于化妆品行业，逐渐涉及内衣、家纺等行业，现在升级为"云百货"。

推广传播的速度非常之快。这个 QQ 群方便交流和分享，内容涉及产品介绍、售后服务和推广技巧等。

　　另一条经验，利润的合理分配是保证微商链条持续发展的关键。在"三九美源坊"作为厂商—"微创网"作为平台—微商代理—消费者这四者若要形成一个持续运转的链条，就要用共赢的思路设计一个合理的利润分配。链条上游的"三九美源坊"以微利为原则，让出利润空间，有时做活动甚至提供补贴，"微创网"则作为平台投入大量资金发展会员。大幅度让利不仅吸引了更多的代理商，而且利润空间变大的代理商又能让购买者感受到实实在在的实惠，四者的利益平衡，促使了一个产品销售的爆发。

强关系营销：让粉丝成为渠道

　　《强关系：社会化营销制胜的关键》一书的作者斯科特·斯特莱登首次提出将传统营销中的"弱关系"转化为强关系是营销制胜的法宝。强关系营销就是主动地无条件地送上体贴美好的用户体验，促使顾客变成自己的推销员。它基于六度空间理论：每个人都有自己的一度空间到六度空间，一度空间是自己的朋友圈，包括家人、朋友、同学、同事等，高度的信任构建了一度空间的朋友圈，信任强度逐层减弱。理论上而言，假设一个主导的分享人能够把关于产品的价值分享到六度空间，则这个产品将被世界每一个角落的人所知晓。

需要指出的是,移动互联网打破了传统上以血缘、地域、职业等客观条件所铸就的强弱关系,它更有利于人群以价值观、爱好、兴趣、特长、圈子等来划分出强、弱关系,不同关系的交集越多,关系就会越强。"企业和人群的关系不再按照消费者的消费习惯来划分,而应该按照企业和人群之间的社交关系动力和人群的社交影响力来划分。"①"跑步猫"2016年春节推出的"七天运动疯神班"就是基于价值观的契合来构建强关系的营销案例。运动疯神们在大年初一一早集体出动,在上海滩跑出一个"猴"字,一改春节团圆、宅吃的旧习,对默守成规说不,召集特立独行、桀骜不驯的人,彰显了其个性鲜明的品牌主张,更能为品牌代言。这些强关系的起始人数可能不多,但是互动和交集更频繁,与企业的黏性更紧密,向周遭传播的流量更积极。移动营销时代,与品牌紧密相关的用户流量具有极大的繁殖力,每个粉丝将成为最有力的传播媒介和营销渠道。

消费趋势研究机构 Trend Watching 在《2016 年五大消费趋势》报告中预测,用户希望并将习惯于品牌不断发掘用户的潜在新需求,定义用户是什么样的人,同时,消费者必须在证明了自己的能力和品味之后才能得到品牌的服务。米兰的地下酒吧 1930 只接待那些在私密社交 Tinder 上表现如绅士的顾客,不具备 1930 年绅士的知识和仪表的

---

① 张锐,《最重要的媒体是人》,《哈佛商业评论》,2016 年 4 月 7 日。

人会被拒之门外。品牌与用户的共享价值将越来越起作用，强关系是营造参与感、加强品牌体验的重要部分。

在 web1.0 时代，网民被动接受网站信息；到了 web2.0 时代，用户会参与生产和传播内容，不过其劳动价值难以获得回报；发展到 web3.0 时代，网民作用于互联网的内容创新、传播和互动的效能和价值，得到了充分的挖掘与回报。移动互联网因实时性、便捷性、移动性的特点，使信息终端和消费决策无处不在，消费者在购物决策时，会参考专家的意见、亲朋好友的推荐以及网络点评信息，微博、微信等社会化媒体成为口碑急速传播的放大器，也使任何消费问题无所遁形。这恰恰为实现强关系营销提供了主、客观条件，而社交媒体正是强关系营销的重要平台与工具，利用其中存在的大量信任代理，让大部分信任自己所关注的人及其传播的信息的人们主动加以扩散。社会化媒体还为企业提供直接接触潜在或现有客户的渠道，有机会把本来的"弱关系"转化为"强关系"，并把一种信息沟通渠道打造成产品体验与销售渠道。例如，公司因预算有限，买不起电视广告，只是将 1000 台机器赠送给加拿大社会化媒体中有影响力的人士，结果使 Tassimo 咖啡机在加拿大的咖啡行业中话题提及率从 0.04% 达到了 12.6%，期间只花了两个月时间①。

---

① 〔加〕斯科特·斯特莱登著，魏薇译，《强关系》，北京：中国人民大学出版社，2013。

　　从粉丝传播的角度而言,可以参考《强关系》提出的三个操作阶段:牵引、推进和扩张[①]。在牵引阶段,企业可以充分利用具有传播效应的内容,进行了大量的新闻性营销传播,例如本身具有较强的趣味性和实用性信息,或者是具有良好的激励性的内容,如转发抽奖、转发得积分、转发拿优惠等信息。企业在社会化媒体上做营销,并不只是发布内容,要与人有在线对话的能力,还要善于跟客户拉近距离,主动去"混"别人的空间,融入别人的讨论,分享别人的内容,才会把用户牵引到自己的空间里来。

　　在推进阶段,企业需强化与粉丝的关系,奖励忠诚的粉丝,为粉丝主办线下活动,让他们成为企业的口碑传播者。创造出一个社群或者部落,创造出一种生活方式,就会带来"小众化"定制:在做一个产品之前,可将创意在朋友圈内进行价值分享,听取意见;在产品上市之后,朋友圈里的人将是第一批试用者。

　　在扩张阶段,企业需超脱出某一个平台,投入并参与到包括不同社会化媒体以及线上线下活动的整合式营销中。在这个过程中,要持续投入、保持存在(要知道一条推文或者微博的生命期只有1、2两分钟),要规划具有传播价值的内容,内容要与粉丝相关,要用真人迅速回复,尽量帮用户解决问题。

---

　　① 〔加〕斯科特·斯特莱登著,魏薇译,《强关系》,北京:中国人民大学出版社,2013。

·

　　而善用强关系来搭建"为我所用"的社交媒体平台的企业，将会把对粉丝数量的追求，转变成对粉丝质量的把控，使粉丝保持活跃和忠诚，乐于分享和推荐，最终实现真实的商业价值。"商会网"经过大量投入，最终坐拥 650 万粉丝总量，实现了粉丝数量的他们充分利用强关系即朋友对朋友的强大驱动力，发力对粉丝质量的维护。"商会网"基于全国各地的商协会天然具备的强关联性和圈层属性，将之聚合在会员专属的"商会圈"里，提供各种免费的在线化服务，诸如微商会开通功能、开通电子会刊、会员社区、通讯录、在线发展会员等商会今后信息化的一系列服务，尤以微商会的在线化作为核心抓手。

　　因为成千上万的商会在用"商会圈"的技术服务平台，用信息化手段去服务他们各自的会员，以上服务满足了商会的刚性需求，逐渐营造出了一个基于强关系的生态圈，推出组团营销的功能就显得顺理成章。在"商会圈"里，一方面供货商有销售需求，另一方面消费者有获取可靠消费信息进行购物的需求，这一切正好建立在强关系所营造的信任背书的基础之上。"商会圈"的共享价值有利于它在圈内形成衔接供货商和消费者的服务闭环，同时使"商会圈"成为一个效果显著的社交传播平台，圈内朋友的关注、转发，更容易引起朋友的朋友的关注和转发。这使"商会网"已经在艺术品、高端消费品、金融产品领域开展了比较多的营销布局。O2O 有利于进一步增强高端圈层的信赖感，"商会网"每年组织常态化的线下活动，如年度商会大会、商会中国行、商会海外行以及各种见面会、交流会和品鉴会等,把一批核心用户、大客户、渠道用户等强关系结合起来,实现线上线下的互补,线下活动反哺线上流量的爆发。商会澳洲行实地参观了当地酒庄,切实了解其品质、品牌和文化,对于"商会圈"的红酒乃至其他澳洲产品的销售具有推进作用,而它所聚集的几十个意见领袖又会通过社交媒体分享,具有较强的导购能力,能影响成百上千的潜在用户。

终端渠道的一种变法:(流动)门店体验营销

Jon Darsky联合四位设计师将集装箱改装成移动披萨汽车店Del Popolo,像流动摊贩一样四处移动,让消费者现场体验意大利那不勒斯碳烤炉一分钟烤出的传统披萨,消费者通过推特就能找到它流动到何处,品尝过的消费者以转发、报道为乐,造成传播的连锁效应。

在商品层出不穷、供过于求的时代,仅靠商品的配置和性能,越来越难以售出。自从宜家、百思买将体验式营销带到中国,体验式门店日益增多,传统的家电卖场已经开始了体验式销售的转型,烟灶品牌如华帝、创尔特等更是身先士卒。与此同时,电商品牌也纷纷开起了线下实体店。无论是电商突围还是传统零售求生,门店体验营销成为企业在零售终端创造价值的新动力,将来线上零售商和线下零售商的边界将越来越模糊。而一度是传统渠道生力军的加盟店将被线下体验店所取代,转型成为"试衣间"

和"物流中心",同时承担一定的数据收集功能。通过在地面店配置 B2C 终端或数字货架,可以将地面的顾客流量转化为网上流量和订单。同样地,也可以通过网店、移动商店或社交商店发起地面活动,邀请消费者到地面店消费、参加节日主题活动、提供优惠券等,将网上的顾客流量转化为地面店的客流量和订单。当当网从线上拓展到步步高门店,合作开设线下体验式书店,旨在实施线上线下相结合的销售手段,打造智能 O2O 传播体系。银泰商业、广百、摩登百货、永辉等零售商纷纷开出 O2O 体验店,华润万家更是在跨境电商业务上完成了"电商+体验店+体验区"三线布局。

  门店体验营销可以是固定地点的,也可以是流动的。流动专卖店顾名思义就是可流动的专卖店,目前有两种存在方式,一种是厢式货车,另一种是集装箱。它在展区面积、形象、产品演示、专柜以及外边用的 POP 设施等方面相对比较标准,通过精美的设计凸显品牌形象,吸引注意力。不少烟灶品牌为了实现渠道的精耕细作,促进三、四级市场的销售,都开设了流动专卖店,做品牌宣传的同时带动销售。① Uber 曾与淘宝合作"淘宝移动试衣间",消费者打开 Uber 一键呼叫淘宝移动试衣间,就可以进入内有 30 平米私人衣橱的试衣间,现场还有明星造型师为消费者打造穿

---

① 邱麦平,《规范、体验、互动、实惠,开设流动专卖店的 4 个特点》,《现代家电》,2010(24)。

衣风格,以此拉动淘宝上相关产品的售卖。

网络上所没有的东西,就是实际的空间(虚拟现实技术正在尝试营造虚拟空间)。线下店铺所出售的不仅仅是商品,更多的是体验。门店体验营销不拘门店规模,重在辐射到目标客户群。为了迎合顾客需求,店内设计非常重视五官的感受,例如同样一家餐厅,提炼出"免费欣赏夜景"的体验,仅仅增加出售"体验"的指示牌便能增加营业额。因为在主题公园、百货商店、购物中心、商场等场所有一个"停留时间与消费金额成正比"的法则,所以设计、器具、家具、设备以及空间环境所营造出来的氛围和揽客感非常重要。谷歌在美国多个城市推出旨在宣传其新品的流动体验店——冬季奇迹实验室(Winter Wonderlabs),其吸引游客的一项活动是雪景玻璃球:消费者携朋友进入,当在里面跳跃时,内部摄像头会进行慢镜头拍摄,用户可以配上 CGI 降雪制作慢动作视频,保存并与朋友分享。淘实惠"流动电商百姓体验店"下乡的不只是家电等商品,还有新鲜的线上"购物方式"等体验,老百姓可以像玩智能手机一样在电子屏上买东西。

在门店陈列方面,并不强调把更多的产品堆在店里,不少品牌店在研究出样产品的数量,有人认为可以应用20/80 法则。亚马逊充分利用过去 20 年间对消费者品味的了解,根据亚马逊网站上的顾客评分、预购量、销售量、好读网上的受欢迎程度以及图书管理员的评价等因素来选择陈列书籍。其实体书店内还有一些新颖的创意,比如每本书都附有一张评价卡，上面标注了亚马逊网站用户的评分和一段书评。"边缘效应"就是人类有一个习惯，喜欢边缘、两端或者靠边①。因此，靠着窗边、临着海边、看到夜景的酒店就会大受欢迎。"左手天堂法则"指人总是不自觉地喜欢左侧②。例如，商品陈列时，要考虑到顾客的视线是从左往右移动的。还有数据表明，从左耳进入的信息更容易刺激人的感情。"巴什拉法则"指人们喜爱微小事物的法则。

在门店服务上，体验店并不强调销售人员的推销能力，而是更关注他们能否提供让顾客真正满意的服务。当消费者体验产品后产生购买需求，可通过线上购买获得产品，这就实现了 O2O 的互动。亚马逊自从在西雅图开设了首家实体书店后，准备建造 300—400 家实体书店，它通过开设实体书店来促进网络销售，用户可按网价在其实体店内购书。为了推广品牌理念，坚持在线销售的时尚品牌 Everlane 在纽约开设"快闪店"，店里大多数产品只供试穿，消费者可现场通过网站订购。O2O 门店需要脱离本身销售的概念，以做线下展示、产品体验和售后服务为主，包括提供相关领域的专业咨询。有个性内容的胸卡、每月更换的店铺主题、以员工个人名义进行宣传等等都能收到较好的线下店铺体验效果。给商品增加价值，不断发布关于商品的

---

① ［日］藤村正宏著，赵小平译，《线下体验店》，北京：东方出版社，2014。

② 同上。

故事,让商品变得有意义,从而构筑与顾客之间的关系。考虑到"86.5%的消费者都是到商店后才决定买什么的"①,店内的 POP(Point of Purchase)广告是刺激消费者购买欲的重要工具,例如"店长推荐"、"今日限定大减价"的牌子,手写的"黑板菜单"尤富亲切感和时令感,成功的 POP 能够刺激消费者购买本没计划购买的商品。

为了实现线下门店与线上电商的流畅体验,苏宁云商实行线上线下同价、会员信息与服务统一。门店是苏宁 O2O 战略的核心资源,苏宁易购生活广场是其线下终端,兼具配送点、网购自提点、售后服务点和推广营销服务点等功能。上海浦东首家苏宁易购生活广场原先承担销售功能的部分区域将被改造为 360°场景式体验区,为消费者购物时营造更加场景化的体验。苏宁云商发动全员微信朋友圈互动,推送公司和门店的促销信息;门店 APP 及时推送促销优惠信息,门店互联网化 1.0 版本提供免费 Wi-Fi 和随系统自动更新的电子价格标签;门店不仅销售有形商品,还销售二维码商品和金融保险等无形商品。

入口:成全敏捷营销的关键

入口指具有巨大的用户群聚效应的平台、产品或工具,

---

① 〔日〕藤村正宏著,赵小平译,《线下体验店》,北京:东方出版社,2014。

以前指线上的互联网入口,现在还包括线下的接触点。浏览器和搜索引擎是 PC 互联网时代的重要入口,到了移动互联网时代,智能手机的"操作系统＋应用程序"率先突破为新入口,例如苹果的"iOS＋APP Store"和 Android＋Google Play。移动互联入口逐渐呈现多元化,社交入口以腾讯微信、新浪微博为代表,虽然前者较后者用户黏性更高;以支付宝、微信支付为代表的在线支付因人们"高频多次"的使用,发展为支付入口。百度地图、360 安全卫士等超级 APP 凭借各自的独特用户价值在入口群落中占据一席之地。国内的第三方桌面服务商包括 91 桌面、360 桌面等,也都试图通过用户桌面管理充任移动互联入口。概言之,移动互联网上较为重要的入口包括浏览器、即时通讯及社交应用、搜索引擎、LBS、安全类应用、在线支付、二维码、Wi-Fi、四屏设备、智能家居及各种物联网等。这些大致可分为三类:应用入口(移动终端上的各种应用)、设备入口(各种能联网或者提供联网服务的智能硬件)和装备入口(可穿戴装备)。

美国人麦德奇和保罗·B·布朗提出"敏捷营销"①,具有敏感性(让企业的触觉伸向客户,界定哪些价值对企业意味着什么)、适应性(不必固守过时的计划,可以预计变化与不确定性,及时做出回应)、精简性(不带任何主观情绪,聚

---

① 麦德奇、保罗·B·布朗著,王维丹译,《大数据营销》,北京:机械工业出版社,2014。

焦客户确认的价值)、敏捷性和互动性。敏捷营销将带来营销自动化①:自动测试、自动轮替创意(自动设定广告出现在何处及出现频率)、自动锁定目标,而且会出现自动实时购买广告和营销时空的行为,还可自动决定接触那些具体的客户要付多少费用。客户那端收到的商业信息将不再突兀,因为根据之前的数据采集与分析,将不会发送与客户个人喜好存在明显冲突的商业信息。

敏捷营销的关键是抢占入口,掌握连接用户的第一触点,就能聚合用户数据,通过高黏度的内容和服务不断扩大用户规模,继而将产品优势转化为流量优势。好的入口可以带来源源不断的信息流、业务流、资金流和物流,从而将虚拟的社会资本或文化资本转化为商业价值。譬如,支付宝已不仅仅是支付工具,而成为具有聊天功能、汇聚餐饮、电影等商家、酒店预订以及周边游的平台,这些包含诸多消费场景的领域让支付宝随时都能渗透到线下。人在移动端的入口需求有社交需求(微信)、信息需求(浏览器、今日头条等)、购物需求(淘宝、京东等)、Wi-Fi需求(商用Wi-Fi等),它们分别连接了人与人、人与信息、人与商品。客户体验链条上的任何一个环节都可能成为入口,但不同入口的商业价值存在分野。一个成功的入口一般具备以下条件:体现用户的强需求;使用便捷,进入门槛低,用户

① 麦德奇、保罗·B·布朗著,王维丹译,《大数据营销》,北京:机械工业出版社,2014。

需求和接受度高；用户易扩散、黏性强、活跃度高；具备良好的开放性和可延展性，可无违和地甚至利他地连接其他移动产品和资源。例如，脸书以社交应用为入口，仰赖其掌握的用户数据，根据用户兴趣来订制产品，将其展示在新增的购物栏目里。

敏捷营销还涉及到布局多触点的入口矩阵。根据梅特卡夫法则，网络价值与网络节点数的平方成正比，由此衍生出网络协同价值的概念，即一个网络或基于网络的商业生态系统，其协同价值由两方面因素决定，一是用户规模大小，一是该系统中产品的互补品规模大小。用户规模越大，互补品越多，互补品的专属性、排他性越强，其竞争门槛就越高。因此，一个系统内的多个入口可以视为吸引和转化流量的互补品；显然，入口越多元，功能越丰富，所能吸引的流量就越大，产生的协同价值就越高。敏捷营销涉及到如何战略布局多入口矩阵，通过多落点、多平台提升用户黏性，深挖用户价值，提供全方位价值。例如，腾讯提出"全面开放，连接一切"的目标，把自身的能力、流量、场景和代码都开放给众多的创业型中小开发团队，从而形成以自身核心产品为主体架构、凝聚容纳多样化互补品的开放体系。

O2O 的入口矩阵涉及到线上线下。线上方面，目前，以微信、高德地图、支付宝为主的移动社交、地图、支付工具成为线上流量入口的焦点。未来，消费服务不会是孤立的，线上入口的多元化布局将以为用户提供更自然流畅的线上服务为核心,提供和其他购物、导航、支付、查询等服务相结合的综合服务链条。O2O提供了近景消费的便利,更需要企业深刻理解新条件下用户的服务需求、体验需求、关系需求和成就需求,尤其是社交媒体时代用户体验要素的变动,诸如社群传播当中存在的因身份认同需求带来的晒、秀等价值,需要围绕用户的全方位需求、全生命周期的需求演变提供结构性、多层次、多落点、多形态的入口矩阵,核心入口与外围入口多方互补,让用户的碎片化时间通过多入口联动或切换重新整合利用,锁定用户,构筑更强黏性,以此提升整个系统的协同价值,提高竞争门槛。

目前我国绝大部分的消费集中在线下,尤其是不能提着袋子拿走的非提袋消费如餐饮、旅游,都发生在线下,线下的数据量更大,内涵更丰富。而中国目前大多数线下的门店尚未达到日常管理和业务营销上的智能化,限于简单的网上客户获取的信息化。布局线下入口的思路之一是把物联网技术作为一个重要的线下数据采集方式,拓展O2O＋物联网的综合服务概念,满足更多线下店面提升业务和服务管理能力的需求,通过与智能终端的结合对消费者的行为进行完整的跟踪和采集[1]。

O2O最大的价值在于其线下接触点是企业入口,天

---

[1]　中国电子商务研究中心,《O2O时代的IT互联网新趋势报告》,2014年10月1日。

猫、淘宝、京东等电商的线下体验限于物流和配送,送到为止,目前以强调快、鲜为主,还谈不上增值服务。敏捷营销可以通过提升线下接触点的价值,开发和细化用户在售前、售中、售后等各个接触点的极致服务,提高客户忠诚度。在这方面,精耕细作的传统企业反而比没有落地的电商更容易发挥优势,例如台湾富商王永庆靠卖大米发家,他就是通过提升服务来进行营销的,他要求销售人员送米到家,并帮顾客家中米缸的陈米倒出,擦净米缸后倒入新米,最后将陈米铺上面;留意顾客家中人口数,每月吃米量,直至发薪水时才来取上次的米钱。试想,物流公司的送货员不仅准时、礼貌、整洁,临走时还主动带走客户的垃圾,充分利用与客户的接触提供增值服务,改变客户的购物体验,这就是敏捷营销在 O2O 时代的出路。因此,布局线下入口的思路之二是以社区服务为入口,家政、洗衣、按摩、美甲、外卖、物业、生鲜等等,洗车、代收包裹等也都是切入市场的入口,如饿了么、阿姨帮、到喜啦、叮咚小区等。O2O 美发帮助用户找到了合适的理发师,而要让这类低频需求产生黏性,还要创造合适的机制带来更高的附加值。所谓黏性就是指产品或服务能被理解和记住,并具备持久的影响力。黏性具有 6 条原则(SUCCESs)[①]:简约(Simple)、意外(Unexpected)、具体(Concrete)、可信(Credential)、情感(Emotional)、故事

---

① 〔美〕奇普·希思、丹·希思,《让创意更有黏性》,中信出版社,2014 年。

（Stories）。

O2O的本质是消费升级，而不是双线简单相加，是以一种更有效率的组合方式，去迎合用户对于效率和品质的追求。布局线下入口的思路之三是以高频多次的服务作为线下连接用户的入口，如移动购物、移动票务、移动叫车等。阿里影业之所以愿意以8.3亿元收购广东粤科软件，是因为后者为国内主流的30多家第三方影院电商提供接口。快的和滴滴合并前曾展开竞争式补贴大战，就是为了争夺O2O的入口，收集和开发用户消费数据后，或提供精细服务，或向其他行业延伸，或进行关联营销。

布局线下入口的思路之四指向设备入口，在手机、PAD、电视、盒子等智能终端之外，Wi-Fi成为美团网、小米、支付宝、万达等企业角逐的焦点。用免费上网作为广告推广，为线下商家引流不失为敏捷营销的渠道之一。美团网在部分线下商户（包括餐厅、咖啡厅、影院等场所）铺设Wi-Fi，同时上线了iOS版客户端"美团Wi-Fi"。传统企业大佬万达目前在全国不少城市的万达广场已经做到了免费Wi-Fi覆盖。腾讯、百度、小米等一大批互联网公司也相继开发了Wi-Fi硬件工具。

第五部分

O2O 市场推广

某大 V 在无车日乘公交,没带零钱,因公交车不找零,他发微博吐槽。某智能手环供应商即刻在微博上联系他,宣布向其赠予产品免费使用,同时附上该手环具有北京一卡通功能的图片。大 V 作为意见领袖的示范效应,使其成为社交媒体营销和粉丝营销的联盟对象。

　　高露洁棕榄公司(Colgate-Palmolive)悬赏 1.7 万美元,通过一家威客式视频广告制作平台 Tongal,制作了 30 秒广告,其在"超级碗"期间的播出效果与其他制作成本超过数百倍的重磅广告却相差无几。[①] 无疑,线上推广对线下推广的传统方式提出了挑战。其实,线上和线下这两种推广方式两相结合可以互补所短,各增所长,而且产生 1+1>2 的效果。线上推广有利于拉新和辐射全国,而本地商圈和维护老客户则可依靠线下推广。网络品牌 Everlane 并没有利用传统的广告或市场推广(其广告支出仅占总支

---

　　① The Economist, *There's an APP for That*, The Economist, January 3, 2015, PP. 15—18.

出的 5％），而是通过口碑扩大粉丝群，依靠向会员邮箱发送私信邮件的日常推介和在 Instagram 和 Tumblr 等社交媒体做推广便发展成了一个品牌。即便投胎于线上，Everlane 还是在线下设立了实体店，以便消费者前往体验产品。

　　市场推广可分为销售推广和品牌推广。品牌推广让销售推广事半功倍，当品牌知名度提升 1％时，电商网站的 ROI 能够相应地提升 2％。[①] 销售推广与品牌推广的预算占比可为 8：2，即 80％的市场费用投入到能够直接产生订单效果的推广上。[②] 一般而言，大企业更注重品牌推广，强调知名度与美誉度，而中小企业主多考虑销售推广，提高投资回报率。

　　市场推广还可分为线上推广和线下推广。线下推广常见的方式有：电视等媒体广告、活动、聚会、宣传单/册、礼品/赠品、名片、明星代言、路面广告牌、赞助、展会、新闻软文等。线上推广的常见方式有：网站、电邮、网络硬广告、关键词广告、数据库营销、竞价排名、软文、搜索引擎优化、论坛、视频、问答、百科、文库、收藏夹、搜索引擎分类目录、分享平台、博客、B2B 平台、SNS 社区化平台、微博、友情链接、游戏植入广告等。线上线下都适用的促销方法有：打折促销、赠品促销、积分促销、抽奖促销、联合促销、节日促销、纪念日促销、优惠券促销、限时限量促销、反促销的促销手

　　① 龚文祥，《我烧掉 10 亿广告费换来的电商营销经验》，梅花网，2015 年 10 月 20 日。
　　② 同上。

段。线上推广准、微、快、碎，可以免费，不受时空限制，考核指标易量化，如销售推广的考核指标是流量、销售额、ROI；品牌推广的考核量化指标有百度指数、BrandZ 品牌榜单。线下推广面对面，易于建立信任，见效较快，但是受时空限制。

移动互联网时期的推广促使营销人重视线下与线上同步呼应、资源互通、整合营销，一度遭冷落的线下地推越发狼性，结合线下场景的程序化营销和触点营销亟需缜密设计。线上线下推广越发呈现"微＋"特征，多屏互动与全方位传播无孔不入，话题、事件、口碑在社交媒体营销中充分发酵，调动粉丝参与、分享和传播的病毒营销日盛。用做产品的思维做内容、创意和自媒体，提供实用或情感价值。推广可以借助故事或形象，在漫画、视频、手稿、玩具、服装、家居、手游、社交媒体、博览会等媒介中转换，它意味着产品的再塑、故事的讲述和情怀的把控，不排除为了增加病毒性而刻意创造"槽点"。整个推广从产品创意期就已介入，产品制作过程中持续花絮发糖，待产品上市引导粉丝，产品迭代过程使产品粉转化为品牌粉，长期发挥长尾效应。而未来，这一切发展将会被增强现实与虚拟现实等技术推上一个更新的维度。

精准营销：结合场景的（移动）程序化营销

未来 Fitbit 可以通过检测血糖来判断用户是否饥饿，

它与移动设备沟通了解时间、地点以及用户的食物喜好,移动设备会自动提议附近餐点,如果用户选择了其中一家,销售商便会分给这两个设备提供商一小笔佣金。[①]

　　精确营销指卖方根据用户所在位置和当前行为提供商品和服务,并预测接下来的行为。[②] 精准营销充分利用各种新式媒体,将营销信息推送到比较准确的受众群体中,既节省营销成本,又能使营销效果最大化。此处的新式媒体,一般意义上指除报纸、杂志、广播、电视之外的媒体(即非传统媒体)。[③] 精准营销的最大优势就是实时响应个性化需求、效果可衡量、提高供销购三方效率。

　　传统营销寻找目标消费群的手段是问卷调查,仅几千份样本量就能耗费大量人力与时间,而且调查结果具有滞后性。实时性是个问题。显然,一个手机广告推送给已经换好手机的人,不如推送给某个正在专业媒体上浏览或搜索手机信息的人。如今,我们可以提取数百万人群的上网时间、浏览记录、搜索记录、购物记录和软件使用情况,对目标人群进行全网追踪,实时掌握其需求变化,以他们乐于接受的方式和渠道、在合适的时间、推送他们悦纳的内容。甚至可以根据某一位用户的广告点击、媒体浏览、关键词搜索、社交媒体以及电商采购数据,清晰地勾勒出他的网上行

　　① ［美］罗伯特·斯考伯等著,赵乾坤等译,《即将到来的场景时代》,北京:北京联合出版公司,2014。
　　② 同上。
　　③ 魏武挥,《真实的"精准营销"》,新营销,2011 年 3 月 29 日。

为画像,使之称为实时响应个性化需求的重要参考。根据美国数据库营销研究所 Arthur Hughes 的研究,客户数据库中三个要素构成了数据分析最好的指标,即最近一次消费(Recency)、消费频率(Frequency)、消费金额(Monetary),可归纳为 RFM 模型。营销人员最常根据浏览(48%)、位置(45%)、网站停留时间(36%)和浏览行为(35%)来区分访客和用户。[①] 这对增加游客参与度、改善消费体验、促进转化率、增长潜在消费者和电子商务收入皆有益处。同时,每一个订单的来龙去脉也能加以全程追踪,通过归因模型清晰洞察每一个渠道的效果。

程序化营销是利用一个全渠道、跨渠道、全数据的平台,通过第一方数据(商家自有的沉淀数据)发挥效果评估的聚合分析、货品管理的货品库等功能,进而对接第二方数据(媒体方的网站行为数据)和规模最大的第三方数据(第三方数据公司、监测公司提供的数据),进行消费者洞察和数据分析,通过数据超市购买精准受众,最终有效融合三方数据,实现基于受众的精准营销。实际上,程序化营销依靠技术、算法和工具,可以规模化地代替以往广告投放中一些人为的判断和执行,提高了效率和效果。它包括且不限于营销数据的获取、存储和运用、媒体计划和购买流程的自动化、创意和内容的程序化管理、品牌安全和反作弊技术、营

---

① 199IT.com 原创编译自 Digi-Capital,《Evergage:全球 58% 的营销人员正在使用实时个性化营销策略》,199IT,2015 年 7 月 29 日。

销效果衡量标准的整合统一等广泛内容。

精准营销需要针对每一个消费者,程序化正好可以通过每天数十亿次接触点上做出的营销决策,使每一次广告投放成为一对一的沟通机会。程序化营销一改以往广告的购买与投放方式,可以根据目标消费者的属性和兴趣,按人与频次购买相对应的节目内容,还可设定每个人观看广告的频次;广告主使用程序化广告购买,可以根据实时数据采集的多项因素,使用算法优化广告活动,定位他们想要触及的具体受众。程序化交易所依托的实时竞价系统由需求方平台(DSP)、供应方平台(SSP)以及连接它们并且最终确定价格促成交易的广告交易平台(Ad Exchange)构成。

DoubleClick Ad Exchange 是 Google 在中国推出的实时竞价广告交易平台,为展示广告行业买卖双方提供通过实时竞价确定广告价格。腾讯广告实时交易平台(Tencent AdExchange)是针对每次展示进行实时竞价的推广交换市场,帮助代理机构和第三方技术提供商通过实时竞价的方式购买众多互联网站点的广告优质资源。百度流量交易服务(Baidu Exchange Service)是基于实时竞价交易协议的流量交易平台,允许代理公司、需求方技术提供商(Demand-Side Platform,简称 DSP)针对每次展示进行实时竞价,投放匹配的推广素材。Tanx(Taobao Ad Network & Exchange)则是一淘旗下互联网广告的营销平台。需求方平台(DSP)DoubleClick Bid Manager 可让广告客户、代理机构和交易专柜以全新的方式购买展示广告资源,可以从数十亿次展示机会中进行选择，还可以参考实用的受众群体和内容相关信息，以在恰当的时机定位恰当的客户。爱点击推出中国首个整合搜索推广、展示广告、移动终端及社交媒体的程序化营销平台（Programmatic Marketing Platform，简称 PMP），该平台可以通过全网跨渠道营销，深度破解消费者密码，直击数据及技术时代的互联网营销痛点，帮助广告主全方位、最大化的整合程序化营销效果。

程序化广告购买在我国目前有以下几种形式（详见图 5-1）：①

图 5-1

资料来源：RTBChina，《中国程序化广告技术生态图》，2015 年 7 月

① 胜三、RTBAsia，《中国的程序化生态交易白皮书》，RTBChina，2015 年 10 月 8 日。

实时竞价：通过在开放交易平台实时竞拍实现程序化购买的一种形式，实现从"媒体购买"到"受众购买"的核心关键。

私有交易市场：使用私有交易，允许媒体将受邀卖方所提供的广告货币化的一种程序化购买形式。

需求方平台：广告主用于从交易平台以尽可能便宜的价格和尽可能高效的速度购买广告曝光的软件。

数据管理平台：存储第一方、第二方和第三方的数据，来帮助优化广告活动的平台。

供应方平台：媒体用以自动销售库存的软件，目的在于最大化库存销售价格。

代理商交易平台：帮助规划和购买广告，并向客户报告受众数据的控制公司程序化购买行业的代理商。

程序化优选购买：在自动投放替代人工插入的情况下，确保实现程序化购买的一种形式。

程序化营销能够整合搜索引擎营销、网络广告营销、移动广告营销、社交营销，完整地捕捉消费者轨迹，实时找到真正有需求的消费者，通过程序化和人工优化，将品牌信息精准地传递给消费者。微软 Satori 采用微软必应功能对 10 万亿个互联网网站进行搜索，并与脸书、Linke-dIn、推特、Foursquare 等重要合作伙伴的数据相整合，来建立一份物质世界的数字拷贝，将成为场景数据引擎。当你和朋友在社交网络聊到见面吃饭时，在用户授权的情况下，Satori 会筛选出双方都有空的晚上，并根据当晚的交通预测信息，提议几家具竞争性报价、方便双方前往的餐厅。① 这种能根据（潜在）用户的地点、时间、季节和意图推送（优惠）信息的营销方式就是结合场景的精准营销，它实现了数据的实时性，提高了响应速度。VinTank 为某酒窖建立地理围栏，当喜欢其产品的人士在附近驾车、住宿或吃饭时，VinTank 就会告知该酒窖，酒窖马上会发送一条个性化定制的电子通知或短信邀请游客参加私人藏酒品尝活动。②

　　除了手机和平板电脑等移动设备，新一代移动设备——穿戴设备也有助于利用场景进行移动程序化营销。诸如谷歌眼镜、Pebble 智能手表、电脑袜子等设备，不仅知晓用户的实时所在与所为，还能综合活动、位置、时间和天气等场景要素，预知用户接下来可能的（购买）行为。移动程序化场景营销包含时间、地点、行为、连接四大要素。例如，移动 DSP 的代表力美传媒发现地铁乘客受限于其特殊的运行空间，"低头一族"对免费、稳定、流畅的 Wi-Fi 需求较强，地铁 Wi-Fi 在此时可以发挥覆盖场景、碎片时长、精准曝光、用户黏度、CPM 售价等方面的显著优势，独家抢占了全国已投入运营的地铁 Wi-Fi 70％的市场份额，每日触达 2 亿优质城市人群，以首登、二登、连接闪屏、信息流等广告形式，实现全国地铁全场景全覆盖立体式营销。

---

　　① ［美］罗伯特·斯考伯、谢尔·伊斯雷尔著，赵乾坤等译，《即将到来的场景时代》，北京：北京联合出版公司，2014。
　　② 同上。

粉丝营销的关键词：参与感、自组织与意见领袖

工业化好比一台烘干机，蒸发了社会关系中具有黏性的人情味，用原子式契约将个体联系起来。到了移动互联网时代，人替代产品走向前台，人成为企业出售和展示的重要标的，代表企业形象的员工与象征企业号召力的粉丝发生着具有黏性的连接。企业的核心能力将体现在能圈多少人，而不是拥有多少传统资源。① 这一说法在"梅特卡夫定律（Metcalfe's Law）"那里得到了呼应：网络的价值与联网的用户数的平方成正比。任何网络的交易量，都是由用户之间可能的互联数量决定的，作用于人及其黏性的营销方式——粉丝营销应运而生。

2006 年创造"数字移民"一词的马克·宾斯基称，数字移民（digital immigrant）是到了从事专业工作的成年阶段才接触技术的，而数字原住民（digital native）则是蹒跚学步时就对技术有了直觉了解的一代人。对数字原住民而言，社交媒体既是他们表达想法和发起行动的操作系统，也是组织原则。在这种代际更迭的背景下，人们的消费理念逐渐从重视功能性、品牌性过渡到体验式和参与式。

我国粉丝营销的阵地伴随着互联网的发展史，从早期

---

① ［美］克莱·舍基著，胡泳、沈满琳译，《未来是湿的》，中国人民大学出版社，2009。

的 BBS、QQ 群到贴吧、豆瓣、开心网、人人网、微博,乃至如今的微信、QQ 兴趣部落等。在新经济时代,消费者与产品比以往更重视情感联系,消费者要与产品对话和交互,品牌将赋予消费者更多的意义,例如助其发现自我,表现自我,喂其社交需求,因此定义、寻找和维护“同类”社群成为品牌的必杀技。鉴于移动互联网时代的碎片化特征,消费者得以追求和实现小众自我,垂直消费市场的价值正是建立在以价值观、内容、兴趣、社交为中心的小社群的基础之上的。社群有利于贡献优质用户,具有高凝聚力的稳定社群比物质刺激更能形成有效激励,能让成员产生长期的精神依赖,从而促成极强的产品黏性。

粉丝营销最难在于获取真实粉丝。广告、活动、销售甚至数据购买都能够招募粉丝,而最佳方式是通过服务、通过响应消费者订单来获得粉丝。获得足够数量的粉丝才是走向正向循环的起点。对于一个从事艺术创作的人而言,《失控》的作者凯文·凯利说只需要 1000 名铁杆粉丝便能糊口。企业和品牌将粉丝聚起来,建立核心粉丝群,形成粉丝文化,粉丝积累到某个阶段进行战略升级,形成共同营销。小米开始米柚时,找人注册了上百个账号,每天在论坛里发帖,拉到 1000 人后,从中选出 100 人作为超级用户,参与米柚的设计、研发和反馈,成为小米的第一批粉丝;随后依靠口碑传播,粉丝数量快速增长。鹿晗、TFboys 等新生代偶像就是粉丝深度参与企业共同营销的成功案例,粉丝们参与造星,自发地为偶像寻找资源,从传播推广进而介入产品筹备与生产。

参与感就是吸引用户主动参与到产品和品牌的活动与传播之中,它可以提升用户黏性和忠诚度。参与感越强烈,粉丝的参与度越高,社交红利就越高:社交红利=粉丝数量×互动次数×参与度①。参与感实质是挖掘出粉丝的兴趣点和关注点,调动其自发性与积极性,避免强推造成的反感。粉丝在参与感的调动下,自发创造内容和话题,官方渠道适时对具有传播性的话题加以回应和推广,并做线上活动来鼓励粉丝,这就是江湖中流传的"官方发糖"。除了品牌忠诚的考虑,僵尸粉现象也促使粉丝营销要线上结合线下。僵尸粉可以比真人更活跃,一天能发十几条,有头像,会转发,还带评论。这使不少企业认识到打通线上、线下资源的必要性。小米粉丝群在线上有米柚论坛、小米论坛和小米网,线下有米柚俱乐部、小米同城会和小米爆米花。小米不仅重视线上响应与互动(小米规定15分钟快速响应),且每隔几周都会在中国各地举办用户聚会;小米高管不仅在线回答提问,还亲自与用户见面,小米还出钱支持米粉的线下活动。② 宝洁粉丝群 beinggirl 俱乐部在线上有关于健康、生活和娱乐的社区话题,在线下有"跳出无限"女生舞蹈秀、"美美睡"睡衣设计大赛等活动。

策划活动是加强连接性、提升参与度的重要方式。线

---

① 赵晓萌,《粉丝营销:从吸引到忠诚》,《销售与市场》,2015(4)。
② 板砖大余、姜亚东,《O2O 进化论》,北京:中信出版社,2014。

上发布活动公告常始于微博、微信、社区、贴吧、豆瓣等社交平台。活动要营造参与感宜始于单品，由单品带动整个品类，而不是相反。通过发起给予好处和优惠的活动激活粉丝，将创新产品信息分享出来，最终在新产品中融入粉丝的创意，同时促进体验，吸引粉丝的强关系和弱关系到线上下单或到线下店铺体验，让粉丝传播产生裂变，实现营销的共建。线下活动事前要在线上预热，事后要在线上发酵。线下活动现场是招募粉丝和话题营销的释放机会，活动后在粉丝群里发酵话题营销，比拼转发，引发口碑传播。为形成可持续性的互动分享，让粉丝具备黏性，在用户尚未厌倦的时间内，要不断推出新款单品。这其中涉及到粉丝自组织的工作机制，虽然粉丝群的建设过程讲求"自然主义"，企业须放弃控制的意念，以免企业施加的影响降低参与度。然而，粉丝群的良性发展依靠的是自组织对内容的传播、创建和加强连接以及培育和遵守规则。鹿晗贴吧里有粉丝志愿组织新粉丝学习"鹿家粉丝守则"，有完整的鹿晗日常科普和宣传体系。

中粮拿腰果这个单品发起过"给一个腰果起名字和吃货语录"的比赛，先选取 30 个队长，每个队长各自建立 30 个队友，并收集其地址，由中粮给这 930 人快递腰果试吃装，试吃后为腰果起名字，写吃货语录，并在微博上晒出来，最后评判由 32 个微博大咖投票产生。为激发参与度，达到传播效果，活动策划要精细到每一个细节和环节。企业提供的单品试吃装极具创意、制作精良，足以引起惊叹，才能激发网友晒照片。这里的 30 人小队可以看作是自组织,它在创意收集阶段、创意传播阶段都是最基本的作战单元,队长可以看作是意见领袖,他们发展和组织粉丝,执行规则,督促粉丝,层层推进。试吃装图片配上吃货语录和起名,队友自己发出去之后,队长会择优转发,队员之间彼此转发,中粮活动官微再转,层层转发实现传播效应。

决赛当天,吃货语录四个字成了微博用户热门话题第一条,很多微博大号(意见领袖)纷纷插入"♯吃货语录♯"赚人气,进一步推动了话题的热度。中粮的新产品把吃货语录做成产品包装的腰封,再传递给更多的消费者,当消费者看到这些语录后,可以扫描包装上的二维码向中粮提交自己的语录,这就形成了良性循环。意见领袖在评判环节又发挥一轮作用,32 个微博大咖的总粉丝数超过 1400 万。这个推广活动使自组织成员之间的平均连接度大增,该群体的活跃度也随之上升。[①]

意见领袖是在特定领域拥有影响力的人物,通过他们可以让企业品牌和产品与受众建立联系,保持互动,给推广带来可信度,如网红、大 V 可将粉丝转化为购买力,抓住了大众消费趋向娱乐化和个性化的时代特征。意见领袖是所谓的 PGC(Professionally-Generated Content,专业生产内容)和 OGC(Occupationally-Generated Content,职业生产

---

① 冯华魁,《一个腰果粉丝营销可以这么玩》,Siilu 商道,2014 年 7 月 22 日。

内容)的主要供给者。核心消费者不是大众,而是精众,是消费的风向标和口碑冠军,是各种圈子里的意见领袖。谁抓住了精众,谁就能引领大众。① 因此,新产品和新服务的推广往往始于结盟具有市场示范和引导作用的意见领袖。美国专栏作家马尔科姆·格拉德威尔在《引爆点:如何制造流行》中提炼了三个条件:"个别人物法则、附着力因素和环境威力法则",即某些意见领袖参与传播有感染力的信息,如果正好符合当时社会需要,流行就会形成。"励志橙"就是这样一宗典型的引爆点事件,其"附着力因素"是昔日英雄再现辉煌的情怀,烟草大王褚时健75岁再创业十年后褚橙首次进京;"个别人物法则"是媒体报道后王石、徐小平等意见领袖转发,引发热议;"环境威力法则"指迎合了当时的政经氛围和消费趋势。

在粉丝营销领域堪称翘楚与典范的小米手机描述其所采用的"口碑铁三角"是:产品——发动机、社会化媒体——加速器、用户关系——关系链。粉丝营销可以利用最新技术让粉丝和品牌一起玩产品,参与品牌建造,加强粉丝与品牌的连接性。在 Nike PHOTOiD 网站用户能自己设计球鞋,浏览他人的设计理念,购买自己的定制产品,并在社会化媒体上分享。通过激发、聚合、放大网络意见领袖的正面口碑,让粉丝成长为品牌的一部分,粉丝平台的建立吸引消

---

① 肖明超,《消费者王朝来临:工业社会未来十年或全面终结》,《商界》,2016 年 1 月 21 日。

费者成为品牌的长期资产。企业应该建立社会化品牌阵地,选择合理的方式激励和回馈粉丝,实现社会化资产的变现。例如打造专属粉丝的独家产品,并以预约、抢购等形式增加专属活动的参与感。

粉丝营销的实质是 CRM,CRM 系统能减少管理时间,缩减响应时间,Social CRM(SCRM)系统是社会化客户关系管理,它让企业与消费者建立数字连接,进而基于数据为消费者提供个性化的营销、销售和服务。有些微商把微信当作一个有趣的 SCRM 系统,用它来维护忠实粉丝。一个不到 1000 人的微信公众号,就能保证一个微商的线下餐厅每天座无虚席,他不发打折、促销、优惠信息,而是每天跟粉丝聊每道菜背后的爱情故事。企业基于 SCRM 体系挖掘粉丝需求,能适时启动“粉丝生意”。茵曼名为“千城万店”的线下招商项目,在全国布局万家茵曼粉丝小店,撬动 100 亿元规模的线下市场。

危机公关新趋势:快速反应和社群公关

微软 Vista 上市,一个月投入 400 万网络公关费,没有广告投放,只是在网络上发新闻稿、做专题,这就是典型的网络公关推广。网络公关推广先是在各大网络平台铺陈企业或品牌的信息,期间着力发掘具有新闻价值的事件,进行病毒式推广、事件营销、借势营销,不排除就重大事件,结合人物与企业宣传,进行巧妙的炒作。线上公关途径有微信、微博、搜索引擎、论坛博客、网络媒体、问答平台、社交平台等;线下公关途径有新闻发布、会议服务、公关活动策划、咨询沟通等。线上线下公关方式亟待创意整合,彼此呼应,相互推进。

移动互联网使信息沟通向便携化、碎片化、随机性发展,月活跃用户达 5.49 亿的微信和月活跃用户达 2.22 亿的微博成为信息分享、扩散和舆论塑造的强大媒介和工具。这种移动网络人际传播加剧了信息传播的不对称性,破坏了事实真相的完整性,病毒式传播尤其误导公众。信息的加速传播造成公众的广泛参与,从而扩大了危机的影响面,减少了企业的危机反应时间,重复的信息延续了危机时长,容易产生衍生性危机。企业危机公关的源头从原来的少数主流媒体,变成千万个草根自媒体,对企业应对危机提出了新的挑战。

传统上,企业应对危机的公关行为遵循 5S 原则——承担责任原则(Shoulder the Matter)、真诚沟通原则(Sincerity)、速度第一原则(Speed)、系统运行原则(System)、权威证实原则(Standard)。在如今线上线下整合应对危机的时代,速度第一原则(Speed)受到前所未有的重视。企业面对互联网负面信息,第一时间发现,及时正面回应,传递正面信息。在新形势下,加快危机反应速度是成功应对企业危机的关键。

危机产生后,原因处于调查之中,媒体和公众所掌握的确切消息有限,最初 120 分钟左右的时间里,意见呈现多元且弱小的特征,不会形成舆论风向。但是,如果企业逃避或保持沉默,就会被怀疑为隐瞒,同时也促使媒体和公众为寻求信息另辟蹊径,这反而增大了传播效应,最终增加处理危机的难度。因此,为避免危机事件发酵,企业应于第一时间介入,通过引导来舒缓负面舆论的强度,警惕网络上口碑的乘数效应发展为危机的"非典"效应(小报新闻迅速上升为全国新闻)、"滚雪球"效应(不断衍生新的报道)、"野草"效应(网上的负面报道无法根除),应在最短时间内找到流言产生的根源地与流言产生的途径,对其严密控制。危机爆发的 24 小时内是处理危机的关键时期,①此间应尽快传播相关信息,使公众能及时了解事件的真相以及企业正在和将要采取的措施,争取公众的原谅和理解,不可持观望态度。负面舆论如果超过 48 小时至 72 小时的临界点,就会在网络上迅速扩散。有破,还要有立。同时,企业要建立唯一可信的信息来源,例如创建自己的网上新闻中心。盛大收购新浪之前传出流言,导致新浪股价降低,被盛大收购了20％的股权,但是新浪公司迅速建立起自己的信息来源,在自家门户网站毫不避讳地全程跟踪报道盛大收购新浪事件,稳住了股民,并成功实施毒丸计划,最终导致盛大收购计划失败。根据奥美公关对 50 个 2012 年品牌危机案例的研究结果显示②,关于回应速度,8 小时内品牌做出回应能

---

① 王婧,《Web 2.0 时代企业危机公关的管理对策》,《中国市场》,2015(23)。

② OgilvyPR·CIC,《奥美公关·CIC 合作——2012 微时代危机管理白皮书》,2013 年。

最大程度缩短危机持续时间,负面声量也有显著下降;如首次回应时间在爆发后的24小时以上,则会显著延长危机的持续时间。关于回应方式,高管于24小时内的回应收效最好,品牌于24小时内的回应也能明显降低危机的持续时间及负面声量,而基层员工直接回应的效果最差。在麦当劳山东招远血案中,命案发生后两天后,才在官微上发了两篇对逝者表达哀悼的微博,麦当劳在第一时间的失声,加之随后对人道主义善后的零行动,有损于其着力打造的"温馨"、"家庭"、"欢乐"等品牌形象。

一个完备的网上新闻中心是危机公关的主战场,同时尽量将消息发布在重要网络媒体的显著位置上。网络新闻分为头条和要闻、一类、二类、三类和滚动,效果逐类递减,一条一类新闻胜过发数十条三类新闻所取得的效果。要占据这些显著位置,首先要洞穿网络媒体对原创新闻极为重视这一事实,所以企业在危机发生时可提供新闻素材,积极配合并参与专题、直播、独家访谈等网络媒体的原创栏目,以获得最大、最正面的曝光机会。与此同时,注重线下配合,通过新闻发布会等形式造势,既影响传统媒体,又与网络媒体形成合力。比如高露洁致癌物事件的转折点就在于成功地召开了百名记者大型新闻发布会,回应媒体的追问,次日"高露洁并不致癌"、"高露洁是无辜的"等消息不仅频出报端,还充斥各大媒体网站中,很大程度上对冲了公众对高露洁的怀疑。

此外,企业还要善于利用意见领袖、社交媒体、线下活动等各种渠道,统筹自有媒体(owned media)、付费媒体(paid media)和赚来媒体(earned media),选择具有共同元素的主题,使消费者在接触到这些信息时产生联想,效应叠加。奥美公关对微博应对危机管理的作用的研究显示,在危机开始之前就已开始运营官方微博的品牌,在危机到来时,其回应时间会缩短 12 小时,危机的平均持续时间会减少 2 天,且负面声量占比也有所下降。奥美公关所研究的50 个危机案例均有媒体官方微博的参与,传统媒体已经将其累积的线下影响力带到了线上,并在微时代的危机传播中,发挥着重要推动作用。①

依托社群做危机公关是社群经济的发展趋势。企业大旗网的研究数据显示,目前我国多数网民上网时只是一名浏览者,个别时候评论或点赞;同时另外一小部分人群却是网络信息的原创者,人数虽不足整体网民的 10%,却创造出了 80%的原创帖,吸引了 90%的点击率。这些人被称为意见领袖,常常由行业资深代表、媒体记者和论坛版主等组成,对于企业危机信息的处理具有举足轻重的作用。意见领袖的参与数与危机的讨论量呈正相关的关系,即越多意见领袖参与到讨论中,则危机的传播越广泛、热议度越高。在意见领袖参与传播后,关于危机的平均讨论声量增加了37 倍,平均持续时间延长了 6 天。② 鉴于此,某些企业与行

---

① OgilvyPR・CIC,《奥美公关・CIC 合作——2012 微时代危机管理白皮书》,2013 年。
② 同上。

业专家等意见领袖建立了日常沟通机制，按照不同类别和等级建立档案，进行管理和维护，做好常规的交流互动；一旦有危机信息出现，企业即能通过意见领袖发布有力言论，同时采取相应行动与公众沟通，化解危机。

如何有针对性地清理网上负面信息？点对点、多对多的沟通方式可以从源头上遏制负面信息的传播。点对点沟通是指公关人员在危机发生后及时寻找各论坛、社群以及社交媒体中发布不利信息的意见领袖，与之建立起"一对一"的即时互动的双向沟通，用真诚的态度，专业的解释，赢得他们的理解，改变他们的看法。多对多的沟通是指公关人员要长期活跃在各大网络新闻媒体、论坛和社交媒体中，与客户保持互动，将自己树立成专业领域的意见领袖。危机来临时，不仅仅要更新博客、微博或微信等，还要聆听评论并迅速回应任何正在形成的消极评论，针对不利信息，提出相反观点，引发讨论，产生对冲效果。

2010年圣元奶粉事件，凤凰网、腾讯网、新浪、搜狐、百度、网易等网站与论坛的负面帖子满天飞，企业处理网络危机首先组织网络公关小组成员在百度贴吧"圣元吧"里出了一篇力挺圣元的帖子，无数顶贴也出自他们之手。其次，网络公关小组成员们用沉贴和删帖的手法让各大论坛上的反面帖子渐渐沉底或减少。再者，在百度上开设圣元的官方网站推广链接。最后，通过投给搜索引擎蜘蛛的公关预算，将网络公关人员在各大网站、论坛上发布或转载的正面文字集结在搜索引擎上,使公众看到圣元的正面信息。①

　　企业危机公关最高境界是化危机为商机,做顺势营销。网络有利于实现这一点,以强化危机中正面讯息的方式,突出组织形象中积极的一面,从而将组织在危机中后期的高知名度直接转化为高美誉度。例如,神州租车微博用漫画公关形式回击负面传言,其中的个性和激情赢得了尊重,新颖的公关形式迅速引起网民关注。CEO 通过个人微博发布♯愤怒的老陆♯系列海报,图文并茂,妙趣横生,从"愤怒"到"绝杀",这种带有明显情绪倾向的公关方式相较于传统公关而言,新颖有趣又能引发共鸣,一经发布,迅速引起网民及业内人士的关注和转发。♯愤怒的老陆♯系列海报,结合时下网络上流行的诸如"走你"、"江南 style"和"切糕"等热门话题,成功地转移了网民的注意力,避开了原危机中所被指责的问题。同时,神州租车的微博反击行动获得意见领袖的支持,形成了良好的舆论氛围,这些有利因素为其一周后的 5 周年店庆活动的顺势营销打下良好的基础。

"微十"营销:移动互联网时代的营销生存之道

　　SOIRE 小黑裙采用微分销模式,仅通过微信平台售卖,消费者只需要通过"微信支付"成功购买一条小黑裙,系

---

　　①　《最成功企业网络危机公关案例》,锐创网络,2012 月 6 月 10 日。

统将自动生成拥有个人专属的二维码，消费者即可成为SOIRE小黑裙的代言人。若有人扫描购买，平台会拿出售价的30％奖励给推广者。以此类推，三级购买关系链内均有奖励。[①] 该案例已经不是个案，而是渐成潮流。

　　传统的粗放式推广已无法满足精细化市场的营销需求，企业投资回报率也在不断下降，市场亟待出现"微＋"营销。某些消费品牌在关店潮来临之际，利用社交媒体营销，通过微信打通O2O，把品牌会员转移到微信上，从而加强了互动，优化了会员服务，通过圈子打造数据的温度，再在微信平台里发酵升温，通过微信朋友圈的成倍传播效应，使品牌和活动信息不断得到传播。一方面，微信的流量可以聚集到微店作为引流；另一方面可以纯粹引流到线下门店。从吸引粉丝，到维护会员，微信粉丝成为了品牌自己可以主动影响的巨大的客户资源，同时也成了品牌的免费布道者。数据产生了温度，温度越高，顾客产生分享的行为越强，口碑推荐的作用越大，带来的销量也会越好。

　　所有和口碑相关的网站、APP、微信、微博、微信公众平台、微网站以及各行业的专业口碑网站、百度的知道、百科、问答、贴吧等，都是"微＋"营销的战场，其手段有微分享、微站长、微活动、微电影、微商城、微媒体、微店、微电影、微信息、微图文、微医院、微社区等。从用户量和关注度而言，新

---

　　① 肖明超，《消费者王朝来临：工业社会未来十年或全面终结》，《商界》，2016年1月21日。

浪微博、网易微博、腾讯微博、搜狐微博是目前国内较受欢迎的微博平台。微博火过之后,微信接踵而至,2014 年起微信自媒体营销开始走红。"微+"营销是由无数个"微数"①推动的,微数可以是粉丝,但不一定是粉丝,有的并非完全认同、追捧,而仅仅是关注者,但他们一旦认为有价值的,就会进行转发和分享,分享的过程就成为营销。奇虎360 推出微电影《把爱带回家》,传达了父母渴望通过无线网络与儿女取得联系的心情,在春节前一经上线便感动了众多网友,他们纷纷通过微博、微信等社交媒体自发分享。

微信是强关系,以服务为主,可做销售推广和 CRM。微博是弱关系,以品牌推广和公关为主,宜于拉新。但所有移动渠道都要汇聚到完全属于自己的 APP。微博拉新,微信客服,论坛互动,APP 独立。互动性强的推广,如抽奖、论坛邀请、培训、赠送、调查等,宜做微信推广(朋友圈及公众账号),微信效果比微博好;而涉及任何公关的消息、新闻等,微博比微信好。

北京人人湘餐饮将整个收银台和点餐都采用微信模式,翻台率从原来的 3.5% 上升到 5%。占据天津商业60% 的和平区是国内首个"微城市"示范区,居民可以在一体化的微城市平台上,便捷地获取民生服务、政务公开、衣食住行、商业消费等各项服务,当地企业亦借机向移动互联网转型。挂号网推出便捷就医的 APP"微医",电子病历、

①   板砖大余、姜亚东,《O2O 进化论》,北京:中信出版社,2014。

预约挂号、医院内部交流、节省时间……等功能全面覆盖。微医 APP 有效连接了医生、医院和患者,是包含"微医院、微医生、微支付"三大主要应用的移动医疗 APP 集群。

大型企业也在利用"微+"营销的模式,分解集团军,组成小分队,它们把微店更多定位为一种营销手段,不在于卖多少,在于跟客户建立紧密的沟通机会。国美鼓励员工推微店已近 3 万家,苏宁靠员工开微店已超过 10 万家,海尔更是在微信上寻找 100 万微商,为其销售家电,建立微信最大的电子商务网。微店店主不用担心库存与配送,海尔将通过其自己的物流日日顺,从离顾客最近的仓库调货配送。海尔还宣布招募至少 3 万名创客到其微店平台创业,从此海尔客户数据库中上亿的用户,将向这 3 万名微商开放。

传统企业和新锐互联网企业都看到微信公众号的威力,不惜投入重金。但是目前出现了数据造假的问题,因此,较为推崇的公众号营销方式是 CPS(按效果点击付费),因为它直接涉及到资金交易,僵尸粉无法藏匿。例如,某公众号通过时尚穿搭等内容培养了数以万计的粉丝后,某些淘宝卖家的货品只要在该公众号展示,就能带来 10% 的成交量,该公众号即可从这部分成交额中提成。

社交媒体营销:UGC+MVP

丝芙兰(Sephora)曾在脸书上举办"15 天的美丽刺激"活动,奖品有轿车、旅行和购物券。该活动使其指甲油、眼影和精华液获得大量关注,粉丝上涨到 350 万,刺激推特转发达 52 万。社交媒体营销是指通过社交媒体网站获取网站流量或关注的过程。[①] 社交媒体是一种赚来媒体(Earned Media),即把控制权放到消费者手中,让品牌进入免费媒体中,而不靠媒体控制或者付费广告推广。在移动互联网时代,每个人都是自媒体,每个人都有发言权。传播主体的公众化使品牌可以通过社交媒体突入消费者阵营,与用户有效互动,建立深层关系,获取有价值的用户数据,向消费者推出有针对性的营销活动。许多公司如 H&M、ZARA 都将社交媒体当作一种营销工具,不仅提高了社交媒体推广在营销预算中的比重,还积极跟进和参与社交媒体上的讨论。奢侈品牌不甘落伍,博柏利(Burberry)被奉为数字先锋,香奈儿(Chanel)以其优雅的优兔(YouTube)频道而著称,爱马仕通过各个渠道推出创造性内容,从古灵精怪的演示视频,到游击式电子商店。Doritos 玉米片鼓励用户通过社交媒体自行制作和上传他们的超级碗广告,利用"用户生成内容"(UGC,User Generated Content)推动病毒传播。这是品牌将内容的核心交给顾客的典型案例。一家公司实现品牌人性化的能力,将成为他们在用社交媒体进行竞争中胜出的关键要素。能够通过人性化的言行与顾客建立起关系的品牌,将能获得更高的转化率,更强的品牌

---

① Trattner, C. , KAPPe, F. *Social Stream Marketing on Facebook : A Case Study*, International Journal of Social and Humanistic Computing, 2013, 2 (1/2).

忠诚度,更快的用户增长,以及满足感更高的用户。Lyft
出租车雇佣经常分享司机和乘客之间发生的动人故事,这
一点紧密结合了人际互动的人性化理念。

　　过去几年里,网络广告的点击率稳步下降,靠横幅广告
推动销售业绩力有未逮。社交媒体的主要优势则在于网站
内容大多是 UGC,UGC 可以大幅提升用户参与度,用户与
站点不存在直接的雇佣关系。《连线》(Wired)杂志调查显
示,70%的顾客信赖用户产生的信息和推荐内容(UGC)。
UGC 成为衡量社会化营销的 KPI 的基准,比如,一条内容
在社交媒体的评论量。形成口碑的重要来源除了广告的投
放、企业赞助的活动以及企业的公关发布,还包括消费者真
实的反馈。企业自有媒体和付费媒体因此可以形成一种双
向的倾听与反馈,催生一种高效协同的良性循环。社交媒
体国内具代表性的有微信、微博、豆瓣、人人等,国外有推
特、脸书、拼趣(Pinterest)、优兔等。

　　"弹幕即内容"的 Bilibili 为用户提供了一个用户内容
生成(吐槽)平台,激励用户参与共创。杜蕾斯曾在情人节
前夕,在 Bilibili 上直播了一支新品预告片,只有当用户最
后创造的弹幕与视频相结合,这支广告片才算真正完成。
杜蕾斯在微博与微信平台上提前 24 小时、3 小时、30 秒分
别进行了直播与发售的提醒,将一部分微博用户引导到 B
站,最终在 B 站和微博之间实现受众的反复相互回流。

　　APP"什么值得买"80%—90%的内容是 UGC,该
APP 的 100 多个编辑主要做三件事:踢微商,留住会写评

论的用户，并为之做一个好的分账模式。大量 UGC 的存在让用户使用时感受到它的真实性。用户想要买什么会先到这个 APP 上搜一下评论，还可以看到它在不同的电商平台上的折扣排序。它不用广告盈利，而是用内容带来的导流和销售额来盈利。

　　作为营销者不能将内容散播出去就置之不理，及时响应消费者是提高消费者参与创造 UGC 的重要方式。热点流量指的是当社交网络上，一件事情或者其所代表的情绪，在传播量达到一个临界值时，会进一步放大成为一个流量黑洞，形成刷屏效应，席卷所有人的注意力，最终自动形成巨大的阅读量、转发量和讨论量。[1] AT&T 展现了一种老到的社交媒体营销技巧，它用沉着平静的答复来安抚顾客。老牌消费品牌可口可乐成功转型社交媒体的前沿品牌，它的线上内容保证了用户之间的互动活跃度，同时锐意创新，搞个性化营销，2014 年的"分享可口可乐"推广活动可谓出色一役。

　　"人口特征高度集中"（Demographic Concentration）这个概念是科技博客网站 PandoDaily 的作者 Bryan Gold-berg 提出的，建议把它作为观察网站的指标，估算一个网站的投资价值时，除了要看网站流量，也要了解用户的人口特征的集中度，如果难以诱发 UGC，流量并非越多越好，因

---

　　[1]　张锐，《最重要的媒体是人》，《哈佛商业评论》，2016 年 4 月 7日。

为网站/产品/达人没有与粉丝们建立起连接。

　　社交媒体其实是把传统媒体的传播影响力加以重构，操作好它需要专业团队，目前粉丝数 10 万以上的微信公众号如"罗辑思维"、"商务范"、"严肃八卦"、"石榴婆"等创始人原是资深媒体人，用 10 多人的专业团队维护这样一个公众号并不离谱，更别提罗辑思维目前大概有 90 个人的团队。企业社交媒体营销团队要负责撰写内容、设计和主导营销流程，并跟上 7/24 节奏进行内容更新的数字时代。杜蕾斯可以说是社交媒体营销的典范，它以产品为核心，做精内容，借势社会事件，引爆话题，带动粉丝转发，打造口碑裂变。"大雨鞋套"、"有我！没事！"等文案使杜蕾斯独领风骚，而且与产品和品牌密切相关。企业内容制作团队每天都面对更多更新的原创内容，Eric Ries 在《精益创业实战》中提出"最简可行产品"（MVP，Minimum Viable Product）概念，即把社交媒体当成一种互联网产品，用最简化的形式建立一个可用的产品原型，然后通过不断迭代加以完善和修正。美宝莲的博客精心设计内容体系，整合各个社交媒体，将社交按钮和交互功能放在网站上，易于用户使用和参与。

　　"爱抢购"是一款把社交媒体当作互联网产品来做的典型案例，它把社交媒体与反向竞价紧密结合，用户通过微信、微博、短信、QQ、邮件等形式把商品信息分享给好友，让好友帮忙砍价。"爱抢购"每两周更新一次，通过技术的不断更新与完善，足以保障用户使用的流畅和便捷，进而增加用户黏性，用户还自发组织了微信群、QQ 群等。它用一种实惠而有趣的方式让用户进行社交,砍价过程让用户产生较强的参与感,同时为合作商家线下门店引流,其推广效果能通过精确的数据统计在商户端一目了然。

内容营销:集客式营销的本质

内容营销最初用来指称大型企业发行购物杂志和纸质新闻通讯的行为。它的执行主体是企业,主要媒介是自有媒体,包括企业官方网站、博客、微博、白皮书、内部通讯以及定向杂志等。此外,还借助免费媒体,通过生产有趣味和有分享价值的品牌内容,激发消费者参与,拉动社交媒体上的二次传播。内容营销的核心意图不是"劝服",而是维护和加强客户关系。[①]

GoPro 相机耐摔、防水、操作简易、能快速抓拍运动场景,靠挖掘这些小众的"极限"需求,2014 年上半年销量达到了 475 万台,迅速垄断运动相机市场。这家公司不同于传统工业企业的营销手法是,在 700 名雇员中组建了一个20 人的原创制作团队,每天从全球各地搜集 GoPro 拍下的内容,获取授权后,在优兔、脸书等社交媒体上发布。Go-Pro 还赞助极限运动员,把 GoPro 装在他们身上,记录惊心动魄的时刻。仅 2014 年前三个月,以"GoPro"为标题的优

---

① 康瑾,《原生广告的概念、属性与问题》,《现代传播》,2015 年第 3 期。

兔视频实现了 10 亿多次播放。这极大地推广了 GoPro 的品牌,使其从小众走向主流,不再仅止于极限运动爱好者。

对于品牌而言,内容不仅仅是一种营销手段,还是品牌常态的信息沟通模式。这是 GoPro 和红牛等公司营销创新的方向。以往用于搜索引擎点击付费(PPC)、搜索引擎优化(SEO)和社交媒体营销的预算,将会被重新分配给内容营销。内容营销不仅需要创造并满足某个需求,还要持续性地"喂养"这个需求。内容可以让自媒体产品化,即可以满足用户的需求,使自媒体具有产品价值,甚至具备某些能替代"实物产品"的功能。例如,通过有趣的内容帮助用户消磨时光,或者反之,让内容帮助用户节省时间,让用户更有效地完成任务。

内容营销的趋势越来越实时性(real-time)和视觉性(visual)。根据 eMarketer 的最新调查数据,Periscope、Snapchat 和 Instagram 三大流媒体和实时图片平台已经成为最有效的营销渠道,在数字营销的效果和效率上远远超过了脸书、推特和优兔。提供实时视频直播的 Periscope 已成为品牌内容分发的重要渠道。传播渠道从报纸、杂志转向电影、电视,再转向互联网、移动互联网,这一路来,信息的传递由多媒体技术逐渐取代文字。社交工具从 140 字的推特独占鳌头,到与图片社交 Instagram、Snapchat 等平分秋色。对微信公号文章的数据分析显示,700 到 800 字的图文结合是比较合适的。

而内容营销的下一个浪潮无疑将转向视频。视频会实现另一种变现模式,即品牌广告,而不是像图文端的广告位做的是流量广告,只有视频内容才有可能获得广告主的品牌广告。优酷和阿里巴巴合作推出了"边看边买"的产品,在视频内容中直观地呈现出购物通道,用户观看视频时把出现的商品放到购物车里,等到整个视频内容看完以后,网站会提醒已将 N 件商品放入购物车。全网 ID(用户数据)的融合将带动视频电商的新模式,如果一个平台上既有影像视频观众的数据,又有消费行为和消费数据,这两类数据的整合将具有难以估量的价值。"边看边买"的模式被称为 F2O(Focus to Online),借助时下热门电视剧的影响力,电商迅速推出剧中同款,有效地满足因剧集大热而瞬间激增的消费需求。

在视频内容中,直播兼具实时性和视觉性,增强了互动性,较之传统的直播模式,移动直播实时性更强,可切入的场景更多。老牌直播网站 LiveStream 与 GoPro 相机达成合作,提供移动直播服务。时下国内活跃的秒拍、小咖秀、映客、花椒等视频社交软件是转向移动直播的潜在主力军。而斗鱼、战旗等直播网站已开始培育平台中的户外主播,他们运用移动设备,在不同的场景下进行直播,与观众实时互动。一旦移动直播加入实时互动元素,线上的交流就变成了一个虚拟的场景,商业价值就可以在这个场景中得以延展。[①] 出于这种趋势,内容营销的核心是形象关联,Cheerios

---

　　①　邵鲁文,《移动直播初露锋芒,能否成为社交的下一个风口》,钛媒体,2016 年 1 月 27 日。

在优兔上的广告用一个理解家庭的酷老爸而不是一个笨拙莽撞的已婚男人来代表其形象。内容的实时化减少了品牌对内容的控制和垄断,让内容的制作和传播更加透明和平等,品牌将和用户一起创造和共享内容。曾在传统广告与公关时代具有重要意义的"主要信息(key Messages)"和"核心话术(Master Narrative)"在数字营销时代被边缘化。

美国的布雷恩·哈利根和德哈米斯·沙哈的《网络营销3.0:谷歌、社会媒体和博客引爆的集客式营销》把传统利用大众传媒传播工具的营销称为推播式营销(Outbound Marketing),把利用搜索引擎和社交媒体吸引客户自动上门的营销称为集客式营销(Inbound Marketing)。推播式营销是向无论对产品是否感兴趣的人群进行推销,包括贸易展览、上门推销、电视广告、电话推销、直邮、点击付费和购买邮件列表等营销方式。集客式营销是专门向产品感兴趣的特定客户所进行的营销,通过创造客户感兴趣的内容吸引访客,与客户交流对话,使之转换成顾客乃至忠诚顾客,并进而转变为传播者,促进销售的全过程,它包括使用社交媒体、博客文章、新闻通讯、视频、电子书籍、白皮书、搜索引擎优化和网络研讨会等营销方式。企业的营销预算逐渐从电视、杂志广告等传统的推播式营销方式向集客式营销策略转移。集客式营销会使用户在营销过程中更主动,营销效果更精准,信息扩散更快。

不容忽视的是,无论是通过社交媒体、博客发布,还是电邮、信函等形式进行推广,内容营销才是集客式营销的实质。

随着推播式营销越来越被消费者视为侵扰，内容营销所传递的信息因为真实且以客户为出发点，逐渐受到青睐。好的内容有温度，有人格，会让用户产生更强的参与感，并与围观群众形成某种关联，生成传播力。成功的内容营销就是把自己树立成所在领域的意见领袖，打造长期的商业关系。

集客式营销在推广阶段，利用搜索引擎优化、百度竞价广告、数字公关营销、社交媒体营销吸引访客。集客营销要创造使用者需求，刺激消费者，让他获知特定关键词来搜索产品，关注内容。搜索引擎优化引导用户更容易找到企业和产品，为新鲜有用的内容所吸引，为了确保广告和信息能够引导目标到达网站，做好 SEO、SMO、UEO 的全网站优化，才能让用户通过搜索引擎找到内容，网站速度够快才能被爬虫抓取，让用户更容易浏览内容。在抓潜和培育阶段，利用网站、转化页、诱饵产品把访客转化为销售线索，利用销售线索管理、微信营销、电子邮件营销和 QQ 营销，培育潜在客户。内容的创建集合企业特点、亮点和目标关键词，包括文案、电子书、信息图、视频等内容创作。看完一个博客食记，用户就知道怎么去那家餐厅。在成交阶段，利用个性化优惠方案、成交动力圈、专家成交模式，使潜在客户达成交易，变成真实客户。在追销及转介绍阶段，利用事件营销、社交媒体营销、数字公关营销，把客户变成铁杆粉丝。[①]

---

① RuizMarketing Network Technology Co. Ltd.，《集客式电商营销实战方法论》，Chinacimo。

HubSpot 是当下火热的全能集客式营销软件,可以帮助客户管理网站,自动进行分析和 SEO,软件中包含分析工具、SEO 工具、博客分析、广告等功能。一个很明显的趋势是,所有的交易平台的电商都在加强内容。内容的玩法越来越多,多种媒介、跨屏互动等手段可以让内容各种花样翻新。脸书可以通过推送广告来增加用户的阅读时间、阅读量和点击数,一旦减少广告数量,整个平台的用户日活跃度会下降。可见脸书把广告做成了用户需要的信息流。

原生广告撬动移动营销

可口可乐全线产品植入墨迹天气,利用墨迹天气穿衣助手以及指数等可以定制的功能特点,为可口可乐旗下产品度身定做多套广告方案,并同时在墨迹天气平台进行推广。在不同天气条件下,推广不同的产品,让用户在潜移默化中了解可口可乐的品牌理念及旗下各个产品的特性。这是移动原生广告的典型案例。

eMarketer 称 2015 年中国移动广告支出首次超过 PC。显然,这是全球向移动商务转型的必然结果。无论是互联网基因的易趣和亚马逊,还是传统线下企业沃尔玛,都在快速发展移动商务。英国最大的跨国商业零售集团玛莎百货还推出自己的移动支付应用 Paddle,消费者在其商店内购物时只要用摄像头扫描商品的代码即可完成购物支付。日本第一大移动运营商 NTTDoCoMo 与麦当劳合资成立营销公司通过手机贩卖汉堡,采用内建"ID"支付功能的DoCoMo 手机,通过无线感应自动扣除在麦当劳的消费账单,计入月底话费账单。日本麦当劳还通过车载卫星导航系统下单,一旦汽车进入"智能交通系统"覆盖的范围,司机就可以通过该设备下订单,并使用信用卡付账,减少等候时间。

eMarketer 预测至 2018 年全球移动广告支出将达到1250 亿美元。移动广告支出极速增长,移动端广告终将成为主流。可惜的是,眼下大多数移动广告采取 banner、闯入式和插播式的广告形式,频繁推送不仅带有干扰性,影响内容消费,而且严重打击品牌形象。在这种情况之下,原生广告以消费者平常的使用习惯切入,是一种无干扰的广告体验。它从形式到功能更多地考虑到广告和内容一体化,即广告如何与内容融合、如何符合周边的风格、如何适应场景的需求等。原生广告不是做个广告位,而是做成产品本身,不仅要像产品一样提供有价值的内容,而且内容的植入和呈现能与媒介有机融合,促使用户阅读、参与和分享。简言之,在微信里做原生广告,就是一条微信;在视频页面,就提供视频形式的广告;在搜索结果页面,就提供相似的搜索推荐。原生广告是以更优质的内容、更亲和的方式、更符合媒介主题所呈现的广告。

原生广告的这种特性在移动端体现得更加淋漓尽致。移动原生广告既不会打断用户与移动 APP 的交互,还维护了用户体验,提高了广告的命中率。例如,《红包锁屏》利用锁屏、解锁这个基本需求,将自己打造成一个原生广告投放平台。Hignnoon 在游戏界面设计了一个卖山货的美利坚大叔,偶尔会打开箱子,给玩家尝试其他软件,玩家点开箱子后看到的是 Zynga 的新游戏的推荐。诺基亚用户拿出手机在 Foursquare 上签到,并发布一条带有♯NokiaConnections♯的状态,自动贩卖机就会吐出一份小礼物送给在场的签到用户。

美国互动广告局(IAB,Interactive Advertising Bureau)将现今媒体上的原生广告分为六大类[①]:In-Feed 广告(In-Feed Units)是将广告置入使用者的信息流中,如脸书、推特的动态时报。付费搜索(Paid Search Units)是出现在搜寻结果的上方付费搜索广告,如雅虎、谷歌、Bing、Ask 等做法。推荐小工具(Recommendation Widgets)可参考 Outbrain、Taboola、Disqus 和 Gravity 的实践。促销列表(Promoted Listings)是搜寻商品时出现的推荐品牌,较多见于 Etsy、亚马逊、Foursquare 和谷歌。广告内的原生单元(In-Ad with Native Element Units)在 EA、Martini Media、Onespot 可找到案例。定制单元(Custom)则是客制化、定制化的原生广告。

从目前的市场情况来看,从事原生广告业务的主要有两类组织[②]:一类以发布商为主,它们根据网站的编辑特点

[①] IAB, *The Native Advertising Playbook*, Dec. 4, 2013.

[②] 康瑾,《原生广告的概念、属性与问题》,《现代传播》,2015 年第 3 期。

和内容环境,开发出专属的原生广告产品,帮助客户在本网站内传递品牌内容,如优兔、推特一类的社交媒体和凤凰网、福布斯一类的传统媒体发布商。另一类是平台商,它的特点是将品牌内容以原生广告的形式,进行跨平台的传播,比如 Sharethrough,它不仅可以通过社交媒体分享包含品牌内容的视频,还建立了由数以千计的网站组成的广告网络,它将品牌视频制作成多种创意版本,通过实时更新图片和标题,使其看上去能够与各种发布页面相匹配。

　　原生广告容易令人模糊广告与内容的界限,但是原生广告与软文、植入式广告仍有区别,因为它属于显性广告,而非隐性广告。根据美国互动广告局(IAB)和美国联邦贸易委员会(FTC)的倡议,原生广告需要使用广告标签,以确保消费者知道这是由广告主赞助的内容。衡量原生广告效果的指标有销售漏斗的顶端指标,如观点、喜好、分享和花费时间;和销售漏斗的底部指标,如销售额、下载量、采集数据、用户注册等。国内腾讯系的原生广告如朋友圈广告、QQ 空间的信息流广告具有较大投放量。聚效广告结合360 的移动端资源,也推出一系列基于手机 APP 的原生广告。而爱奇艺曾推出"Video in"的视频动态广告植入技术,该技术能够在已经拍摄完成或播出中的视频中,再造原生广告情景,实现广告和剧情的融合。爱奇艺还将视链升级版"Video out"技术投入商用,它能通过智能算法进行视频内物品快速精准识别,并导向购买的规模化操作。它使视频不仅仅是娱乐工具,更是消费者获得购物信息、商家推广产品的重要渠道。

现在的受众时时穿梭在多屏终端,因此移动营销除了整合诸多线上营销渠道,还要善于整合各种线下传播渠道,善于突入包括手机在内的多种移动智能终端,如 iPad、手环、智能眼镜、头显等,以实现跨屏打通,通过持续的互动让品牌保持在用户心中的顶级地位。企业将会把移动终端整合到数字营销的方方面面,全方位的响应式网站、移动广告、专为移动网站用户提供的内容。移动互联网的营销是碎片化的,用户是分散的,时间是分散的。对多数人而言,一个品牌或品牌名曝光至少八次,他们才可能会意识到它的存在,如果要成为其购买考虑对象的话则又需要增加平均两次的展示。[①] 多终端、多维度需要设计一个主题,把不同营销渠道传播的内容连接起来,使之具有连贯性,营造风格一致的营销,并通过活动中不同的互动行为来提升价值。如果用户没有看到线上线下之间的联系,那么移动营销活动将失去价值。让所有营销活动具有整体感最简单的方法,是在不同的营销渠道使用类似的图像,最好采用具有相同的外观、质感、主题和基调的多种图像。

目前,移动广告的主要形式有 banner(APP 顶端或者底端一条横幅)、插屏、全屏、视频贴片、原生广告、富媒体和 Html5。移动原生广告更加适合 O2O,因为获取信息、

---

① ［美］Cindy Krum 著,唐兴通等译,《移动营销的魔力》,北京:电子工业出版社,2012。

预约、付费、评论和分享等一连串动作都可以在手机上完成,不受时空限制,更方便与各种线下营销渠道整合。情人节分众传媒推出"全城示爱"活动,用户关注活动官方微信"全城示爱"(微信号:qcshiai)后,提交表白内容可参与实时抽奖,而所填表白内容会根据用户提供的恋人 LBS 信息,在情人节期间以弹幕形式呈现对应位置的分众屏上。这是一次典型的 O2O 移动营销推广。日本电通公司为宝马设计过 Mini Cooper 的车展广告,利用智能手机上的 GPS 功能捕捉 MINI 最新款双门轿跑车,将智能手机、APP、游戏和产品理念捆绑在一起,成为一种新的沟通手段,实现了对目标客户——有年轻心态的成年人的精准定位和营销,用户下载、参与、游戏的过程也是广告营销的过程。①

　　移动广告开始变成与客户沟通、客户关系管理、提升忠诚度、提升再次购买频率的工具。优衣库用 APP 做用户忠诚度的管理,以提高老用户的消费频次,而不是单纯用来获取新用户。优衣库除了最主要的 APP,还开发了好几个 APP,UT CAMERA 的 APP 鼓励用户穿着优衣库的 T 恤拍照并上传到社交网络上,此外还有音乐日历、优衣库闹钟等 APP。优衣库还在脸书、推特、人人网等社交网络上设计了一款基于 SNS 的社交小游戏。

　　① 曾航、刘羽、陶旭骏,《移动的帝国》,杭州:浙江大学出版社,2014。

营销的未来:增强现实与虚拟现实

IBM 一款名为"Seer"的增强现实 APP 为其贸易伙伴提供温网赛场的"一切"信息。当用户将手机指向赛场时,Seer 会显示出选手、分数、剩余座位以及赛场上正在发生的事,同时还提供辅助信息如最近的厕所在哪里,排队的人有多少,或者小餐车上还剩余多少草莓和冰淇淋等等。

增强现实是 AR(Augmented Reality),是一种能够在真实世界对象上加载信息或图像的技术,它把数字想象世界加在真实世界之上,主要硬件厂商包括微软(Holo-Lens)、谷歌(Google Glass)和 Magic Leap。虚拟现实即 VR(Virtual Reality),是由美国 VPL 公司创始人拉尼尔在 20 世纪 80 年代初提出的。VR 领域主要的硬件厂商有 Oculus、索尼(PlayStation VR)、HTC(Vive)和三星(Gear VR)。这些公司引领的虚拟现实革命预示着,未来的品牌内容将从文字过渡到图像,从 2D 过渡到 3D。

AR 和 VR 在早期主要发力于娱乐(影音、游戏、动画等)、体育、医疗等领域,而未来将渗透到酒店、旅游、公园、交通、零售业、培训和博物馆等吃穿住行的方方面面,所有行业行将在虚拟生态里得到重构与重建。VR 和 AR 将在社交媒体营销和移动营销之后,又一次刷新营销模式,未来的数字营销模式将迈入无屏幕时代。谷歌正在尝试虚拟和现实相融合的未来:街上的任何物体都与在线虚拟世界相连，餐馆的玻璃墙上实时显示用户的脸书的评论，必胜客海报上播放着广告视频，上面还有网上订餐的按钮……

从脸书到 Instagram 再到 Periscope 的迭代尚处在社交媒体这一维度，而 Hololens 和 Magic Leap 将是"升维"引爆。目前 AR 比较常见的应用是"大型显示器＋AR＋体感"的互动游戏，一般在户外场所展开。这种类型的 AR 应用最大的优点就是屏幕大，用户代入感强，并且成本不高，国内已有不少技术成熟的供应商。结合二维码、NFC 等技术，就能引导用户将这种体验通过图片或者视频的方式分享到社交媒体。VR 和 AR 将最终取消电脑、手机等一切有屏设备，而把虚拟世界直接投入视网膜，手势控制、头部追踪、触觉反馈、动作捕捉、眼球追踪以及各类传感器技术目前都正在完善，交互体验除了通过手柄、摇杆、眼球追踪、手势识别等方式，出现了脑电波等创新模式。VR 游戏结合脑电波的反馈机制，调节参数，让玩家看到自己想象中的画面，并获得互动。

埃森哲咨询公司列举了增强现实营销的五种方式①。

第一，信息查询。用户用手机扫一扫商品包装盒，就可以看到产地和日期，乃至 3D 生产过程。手机上的 Google Project Tango 应用还可以让用户通过 3D 地图找到想要购买的商品。

---

① 埃森哲咨询公司，*Life on the Digital Edge：How Augmented Reality Can Enhance Customer Experience and Drive Growth*，2014.

第二，试穿、试用和试驾。Topshop、De Beers 和 Converse 等品牌都在使用 AR 让消费者试穿和试用衣服、珠宝或者鞋子。资生堂和博柏利还把 AR 应用到化妆品试用上。沃尔沃开发了全球首款通过智能手机试驾的 VR 的应用"Volvo Reality"，旨在推销其 XC90 SUV 新车[①]。

第三，试玩。装在盒子里的积木，放在货架上的玩具飞机，都可以通过 AR 应用试玩。

第四，挑选和购买。一号店的地铁虚拟店铺，扫描后可选择所喜在线购买。

第五，售后。从奥迪汽车的使用手册到宜家板式家具的装配指南，这些 AR 应用更好地帮助消费者安装、使用甚至维修汽车和家具。

其实，AR 还可以帮助快递行业提升配送服务。美国物流公司 USPS 希望用 AR 在邮包分类和仓储、配送等各个环节，提升效率和配送速度。

可见，AR 不仅仅"升维"了营销方式，而且实实在在地提升着消费者的体验，品牌和产品宣传将减少，互动和服务将增多，从而开启了服务即内容的营销新时代。如果说互联网连接了消费者，移动互联网实现了对消费者无时不刻的连接，那么 AR 和 VR 技术的核心价值就是为消费者建立有趣的连接，把消费者带入充满想象的虚拟世界，让消费者与品牌建立带感的联系。Debenhams

---

① 德意志银行，《德意志银行 VR 报告》，2016 年 4 月 18 日。

在英国推出了基于 LBS 服务的手机 APP"虚拟购物店"，它号召用户去伦敦的 Trafalgar Square、伯明翰的 C[e]ntenary Square 等数处著名地点，然后在自己的 iPad 或 iPhone 上打开这款 APP，看有没有"神奇的事"发生，他们将"得到"10 件晚礼服选"穿"。Debenhams 通过 AR 技术，在屏幕上显示换上晚礼服后的用户形象。决定购买的用户可以得到 20％的折扣，提供地址后就可以直接购买，并可以在脸书和推特上与朋友分享此次经历。

从 2008 年至今，增强现实营销经历了四个主要阶段。[①] 第一个阶段是"二维码"阶段。最具有代表性的案例是耐克 2008 年的 Hyperfactory T90 的增强现实营销。耐克在欧洲杯期间把大大小小的二维码贴满了香港的体育馆、地铁和门店，用户用手机扫描这些二维码，就可以看到耐克 T90 新款足球鞋的 3D 细节展示。

第二个阶段是"电脑摄像头扫描阶段"。此类应用的典型案例是 GE 公司 2009 年推出的"三维奇境"系列。用户只需配备摄像头，登录 GE 三维奇境的活动网站，从网站上下载并打印二维码，就可以在电脑屏幕上看到 3D 效果的城市和风力发电机，并且通过旋转打印的二维码就能操纵三维影像里的风车，把风能转化为电能。

第三个阶段是"地理位置标签"阶段。Wikitude 和

---

① 栗建，《魔幻一跃：增强现实的营销世界》，《IT 经理世界杂志》，2015 年第 22 期。

Layar 等一批应用平台使品牌的增强现实营销预算得以从百万美元级降低到了十万美元级。这类应用的代表案例是比利时知名啤酒品牌 Stella Artois 结合 AR 与 LBS 技术推出的寻找附近的酒吧的 AR 应用 Le Bar Guide：用户开启摄像头对着街道，就能看见离自己最近的酒吧，包括地址和名称；如果将手机往地上拍摄，还会出现箭头符号，引导用户一步步走到酒吧；如果喝醉了，APP 还能提供叫车服务。

第四个阶段是"读图阶段"。增强现实不再依赖于地理位置和扫码，而通过直接扫描杂志上图片或者其他实物就可以在手机屏幕上看到三维场景。肯德基在印度使用一款增强现实 APP，扫描 20 卢比的纸币，就能看到能购买到的相应商品的 3D 动画，使印度消费者感觉物超所值。

VR 是一种可以创建和体验虚拟世界的计算机仿真系统，实现交互式的三维动态视景和实体行为的融合，使用户沉浸到该环境之中。VR 让用户置身于一个想象出来或者重新复制的世界（如游戏、电影或航班模拟），抑或是模拟真实的世界（如观看体育直播）。VR 视频带给观众的体验特征有可交互性、沉浸感与代入感。VR 与 3D 最直观的区别在于 VR 实现了 720°全景无死角的临场体验，观众不再是观看者，而是故事的主角，可与场景里的人与物互动。虚拟现实提供了一种身临其境的体验，通过提供具有私人特质的 VR 内容、增加互动操作，可以有效增加参与感。虚拟现实除了应用于广告，还可以创造更加沉浸的购物体验。品牌在虚拟现实这个平台上讲故事,较以往更容易产生情感共鸣,用户更倾向于四处传播,推荐给朋友们尝试。

　　传统的电子商务展示无法让用户触摸和感受商品,从而导致仅 3% 的较低转换率,而 VR 展示将打破这种壁垒。零售商已开始通过 Sixense 等平台来创建 VR 购物体验,提供一种类似于实体展厅的观赏体验,这不仅允许消费者虚拟体验任何一款服装或其他消费者产品,还令零售商捕捉到一些极具价值的信息,如用户试用了哪些产品,倾向于哪种虚拟展示方式等。① 众多品牌已利用 Cardboard 进行 VR 营销。纽约时报向订阅用户配送 Google Cardboard 头显,可以体验关于叙利亚难民营地的虚拟现实视频《The Displaced》,该体验得到了通用电气的广告赞助。虚拟现实技术有利于原生广告产品的开发。当用户驾驶某品牌的虚拟汽车之前,可以调配自己喜欢的车身颜色、天窗和车轮等个性化配置,驾驶途中可以看到自己想看到的风景,还可以看到与该品牌汽车相关的信息,一切真实到令体验者急迫地想要分享至社交网络。赛百味通过 VR 技术可以使消费者在伦敦的街头,坐上纽约风格的出租车,当消费者拿着赛百味三明治坐进这辆车的时候,他将随着这辆出租车,瞬间来到了纽约街头,一边感受着纽约风情,一边吃着三明治!

　　在国内,最早开展 VR 影片创作的是芭乐传媒。国内首部 VR 视频短片是《禁闭》。据统计,目前国内的 VR 影

---

① 德意志银行,《德意志银行 VR 报告》,2016 年 4 月 18 日。

片内容只有不到 2000 小时,其中大部分是纪实类影片,而
VR 故事片却几乎为零,一部 VR 故事片的投入成本是普
通电影成本的 4—6 倍。[①]

狼性地推:从城市扫街到下乡刷墙

地推即地面推广,是一种传统的营销方式。互联网的
兴起使注意力涌向电脑屏幕,传统媒体广告的作用出现下
降,而地推却逆势而上,尤其在移动互联网带动 O2O 的背
景下如火如荼地发展起来,它使营销人员涌上了大街小巷。
线下企业看到了任何时候任何工具都代替不了人与人之间
的真实沟通,尤以受制于地缘渠道的线下企业特别重视地
推,国美组织大批员工到社区营销,员工与客户一对一地沟
通,实现客户引流。而线上公司对线下地推的需要程度也
不亚于其对产品的重视程度,携程靠在机场、火车站的地推
扩大了用户数量,盛大曾有 10 多万家网吧参与游戏的推
广。其间,地推对市场的战役从争夺"认证商家"、签署独家
排他协议,甚至演变到暴力事件。

地推手法最常见的是吸引路人下载 APP,或通过扫街
与一家家商户签约,但也不排除以下方式:插车、大海报、派
传单、交流会、摆台、陌拜、扫楼、派礼品、转介绍、跑同行、喷

<hr />

① 江湖老刘,《没有 VR 内容支撑的虚拟现实,何谈迎来大爆
发?》,钛媒体,2016 年 2 月 3 日。

油漆、路上举牌、电影院派单、厕所广告、派袋子、书报亭、LED灯箱、酒店发名片、夹快递、家政合作、栏杆广告、医院蹲点、路演、电线杆广告、墙体广告、外卖盒、便签等等。当然,根据APP的种类,地推领域有所细分,如游戏多推网吧,外卖推大学城和饭店,分类信息和团购推商户,生活类则推小区居民等。

　　地推可以像阿里巴巴、美团、饿了么等自建地推大军,也有委托第三方实施地推的。饿了么CEO张旭豪认为,地推能够成功首先取决于执行力、数据化、制度化三个指标,在此基础上,要保证公司内部有一套体系监测地推的效果,并保证可复制性。阿迪达斯曾携手中广美意在北上广生活服务渠道展开大规模的广告投放及线下阿迪达斯旅行套装产品派样。顾客进入美意任何渠道场所,即可观看到阿迪达斯在终端电视屏中投播的广告,当消费者对阿迪达斯新产品推广表示兴趣时,中广美意的渠道商家会引导消费者尝试,消费者只需扫描数码广告上的二维码,并在手机端填写基础信息,就可在线申请试用样品,凭借兑换码向渠道商家领取相应的试用样品。中广美意后台可对派样数据进行实时追踪与监测,样品派给了谁,派出多少样品,剩余多少库存等,由此可对本次营销活动效果进行监控与调整。

　　地推除了吸引用户下载,更重要的是传播APP的便利与功能,这样才能真正留存用户。而向下载APP的用户提供其他免费礼品的推广手法,常会引导投机型用户,下载即删者不在少数。更何况,据《界面》的调查显示,40元就可以购买到 1 万下载量。百度地图诉求成为 O2O 的"一体化生活服务平台",它在地推营销上尝试着打破常规,在推广百度地图新功能"实时公交"时,实施了"百度地图特工队"的营销活动:在北京各大公交站点上,头戴白色头盔、身着红色冲锋衣的地推人员,背着一个看似大箱子的投影机,引得路人围观,百度地图手机客户端的界面投射到地面,告知公交车还有多久才来。

与 O2O 巨头动辄上万人的地推队伍相比,"爱抢购"的地推团队相对较轻,每个城市大约 10 人,其地推的效率之所以较高,主要是因为它相对利他的商业模式。"爱抢购"的地推主要是让商户知晓存在这样一个免费的、不瓜分推荐佣金的推广平台,并不做强行推销,也不会对商户增加排他性限制。"爱抢购"的商户增长主要靠预约和扫街相结合的地推方式,从初期 100% 地推开始,随着直接推广的商户呈现逐渐下降的趋势,自动入驻的商户逐渐增多。"爱抢购"的用户则从最早四、五位同事及其周边人群开始,把团队及其亲朋好友发展为种子用户以后,其用户增加依靠的是产品本身的社交黏性,呈现一个渐进的过程,随着商品总量的增长而均衡地增长起来。

地推下乡,京东、阿里先后采取刷墙、大篷车、村级服务站等方式。一个名叫村村乐的公司被誉为刷墙界的霸主,它先招募 20 余万网络村官,利用这批力量在线下做农村市场的推广。如路演巡展、电影下乡、村委广播、农家店、农村旅游、农村供求,甚至提供农村贷款与农村保险理财等。此外,村村乐还希望整合农村的 1 万家小卖部,通过为小卖部提供免费 Wi-Fi 和在电脑上安装一套管理系统,收集数据。[①]

二维码营销:从身份认证到"所见即所得"

迪拜一家报纸《海湾新闻》和当地的咖啡连锁店合作"奉上热腾腾新闻的咖啡杯套":每小时会将咖啡杯上的隔热纸套印上刚出炉的头条新闻。如果想要了解完整的新闻内容,只要拿手机扫描杯套上的二维码,就可以直接在手机上阅读。该活动推出后,网站流量激增了近 41%,订阅人数增加 2.8%,咖啡连锁店的业绩也迅速增长。[②]

在国内,生鲜食品二维码追溯系统陆续在武汉本土的中百、武商、中商三大超市的 106 家卖场以及沃尔玛、家乐福、永旺、华润苏果、大润发等大超市试点,市民通过免费下载的手机查询软件"智慧眼"或超市终端,可以查询食品生产地、生产时间及食品添加剂等相关安全信息。[③]

智能手机的风行带动了二维码营销,二维码已普遍出现在广告看板、宣传单、产品、户外媒体、数字媒体等载体上。二维码起源于日本,原是 Denso Wave 公司为了追踪

---

① 孙雨,《用互联网思维下乡创业》,北京晨报,2015 年 4 月 13 日。
② 张育绮,《二维码营销》,北京:中信出版社,2013 年。
③ 邵澜,《武汉多家超市启动生鲜食品二维码追溯系统》,武汉晚报,2015 年 5 月 28 日。

汽车零部件而设计的一种条码。在 O2O 时代，二维码有取代传统 LOGO 成为品牌标识的趋势，或者说，LOGO 二维码化是步入 O2O 营销的敲门砖。"视觉码（Visualead）"等最新一类二维码越来越考虑到市场营销人员和广告商的需求，它可以将任何图像、动画甚至是视频转换成视觉码，适用于每一款二维码阅读器。"视觉码"强调视觉体验，利用图像处理和识别技术，将传统黑白码中近 70％的区域隐形，生成一个近乎无形的二维码。

实际上，二维码就是一个虚拟 ID，对个人、产品、商户、活动和票券等具有强大的识别功能，可以完成身份认证的任务。商品一物一码加密匹配二维码，能辨别真伪、验明正身。因此，二维码能让移动商务更便捷，可以成为观光导览、移动票据甚至电子钱包；还可以应用于防伪加密，优化商务流程管理等。二维码可以作为大型会议观众参会认证的唯一凭证，凭码入场；同时为主办方提供相应的数据及流量备案，实现电子化和数据化管理；也可以作为团购的认证依据，收银员只需扫一扫用户手机上的二维码，即可确认团购消费。

二维码的基本功能就是存储信息，个人用户可以在名片、笔记本、抱枕、杯子等礼品上印刷二维码，书写一段温情，录制一首歌曲，赠予朋友，彰显个性。音乐软件 Spotify 推出了一项"音乐传情"服务，用户可以通过 Spotify 创建一个音乐集锦，完成后软件会自动生成相应的二维码，接着你可以向朋友发送带有二维码的问候卡，对方扫描后就可以直接欣赏到特制的音乐。网站 Visualead 可以让个人用户免费生成自己的二维码,企业用户则只需支付每个 14 美元的费用。二维码可以放入电影的宣传海报,只需轻轻一扫即可观看电影宣传片或者下单购票。

二维码因此起到延伸阅读的作用,其主体可以是产品包装,也可以是一本书或者杂志。顾客扫描包装上的二维码,就能了解包装上常规信息之外的更详细内容,包括产品的制作工艺以及该品牌的其他产品推荐。用户通过扫描杂志上关于丰田汽车的二维码,便可以看到丰田汽车的制造过程。通过巧妙的设计,二维码可以作为信息传递的媒介,进行点对点的信息传递,完成音频、视频的发布,乃至富含个性与趣味的营销任务。美国连锁百货商场杰西潘尼曾在圣诞期间发起"圣诞标签"的增值营销服务。顾客购买礼物后,可以从客服中心领取"圣诞标签(Santa Tag)"的不干胶贴,扫描上面的二维码,就能在杰西潘尼的系统中为朋友录制一段个性化的语音祝福信息;把二维码贴在礼物上送给朋友,朋友收到后扫描这个二维码,便能听到之前录制的语音祝福,还可以直接回复感谢信息。

二维码是融合场景信息的移动网站入口,能增加产品功能,为顾客提供定制服务,有利于建立消费场景和品牌的强联系。二维码通过融合位置、时间、事件等场景信息,可以结合 H5 等技术为用户提供个性化服务。为满足商务人士边看报纸边喝咖啡的喜好,以色列最大的咖啡连锁 Joe 咖啡利用咖啡与报纸的强相关,在报纸上刊登印有二维码的大幅广告,用户扫描后会进入手机页面,告知用户附近的Joe咖啡店以及免费获得一杯咖啡的兑换码,并可通过谷歌导航到达目的地。二维码的设置的确要考虑到用户所处的场景:何时、何地、可能做何事,网络状况如何;能让用户有动力扫描的二维码,一定要跟用户的场景高度相关,并且能满足特定需求。韩国更名为 Homeplus 的 Tesco 在火车站月台的墙壁上开发了虚拟走廊,这样客户可以利用等火车的时间,通过一个应用扫描产品的二维码进行购物,之后的几小时里所购商品将会送到家。这种营销手法在三个月内使应用的注册用户数量增加了 76%,并使 Homeplus 的在线销售量提高了 130%。

二维码可以优化消费者数据的采集、分类和应用,有利于提高销售额,还能实现对线下店铺的系统管理。二维码的后台分析系统能够即时收集到品牌二维码被扫描的次数、扫描时间、扫描地点、重复访客数、所用扫描设备与浏览器等等。经由台湾的 QuickMark Color 平台彩色二维码网站制作出来的二维码,都会有针对该条码的扫描信息提供的完整后台分析数据,这些分析报告可以用来检测品牌的活动效果,作为下次制定营销活动的重要参考指标。品牌可以针对这些数据,做出相对应的营销策略调整,以求得营销效益的最大化。

良品铺子通过"中秋扫码满立减"活动,在两周内"吸粉"百万,客单价提升 50%,会员消费频次翻番。良品铺子利用二维码,对这百万用户实行标签化管理,以便实施精准营销。各门店特意提供不尽相同的促销品类,如肉类或坚果类,根据进店粉丝扫码所关注的内容而被打上"肉类"或"坚果类"等偏好标签。与此同时,每个良品铺子的门店和每个门店店员都有属于自己的二维码,以便每个门店和店员利用二维码的订单追踪对客户进行点对点的维护,甚至针对粉丝需求推送偏好品类的优惠。

二维码作为一个"连接工具",能增加互动,激发消费者看广告的动力,让顾客成为品牌的推销员。为了让消费者主动扫描二维码,除了考虑场景,还要提供诱因。所谓诱因不是单纯指赠品、优惠券、试用包或返利,而要找到消费者的兴趣所在。例如免费下载游戏、影片;提供实用的小秘诀、小贴士;取得 VIP 会员资格;举办让消费者乐于参与或立即赢取的活动;特别优惠的限时抢购或限时拍卖,等等。未来,二维码营销可以实现"所见即所得",在真实的购物环境中,看到心仪的商品,用户只需扫描其形象,即可获取相应的商品信息,进行在线购物,从而将线下顾客引流到线上。

触点营销:洞察场景与心情的 S2C

接触点的理论基础来源于唐·舒尔茨提出的"整合营销传播"理论,强调只有当消费者从与品牌接触的各个渠道所获知的信息趋于一致并且具有较高互动性时,消费者对品牌的认知才会更加鲜明和深刻,其对品牌的忠诚度也会越高。设计了环环相扣和相互呼应的触点,可以实现品牌体验管理的链条化,还有利于保持服务质量的稳定性与持续性。Millward Brown Vermeer 主导的"营销 2020"研究项目显示,营销效果最佳的品牌是那些不独依赖数字化渠道,而是靠多个接触点打造完整体验的品牌。

针对互联网与无线应用时代消费者生活形态的变化,日本电通公司基于 AISAS 消费者行为分析模型(详见"着眼于懒人经济的 O2O 新营销"),提出接触点管理(Contact Point Management,CPM)①。该工具主要有以下四个特点:1. 考虑所有接触点的可能;2. 把关注焦点放在接触点的"质"上:从时间、地点、场合、心情四方面来考量设计;3. 策略性地组合各个接触点;4. 通过成果评价广告投资的效果。

在全时在线的多屏数字化生存时代,消费者获取信息的途径散布在手机、PC、智能电视、可穿戴设备、智能家居上,消费者会被各种各样的时刻所触发,甚至三秒钟就会错失一个营销机会。最佳的 O2O 营销战略就是整合所有接触点,打造覆盖线上线下的多元营销体验,洞悉每一个媒介的媒体特性以及消费者在每个接触点的行为和需求,策划每一个接触点最适合的营销互动方式,力求各个触点的信息保持一致与连贯。接触点包括社交媒体、移动终

---

① 周军,《接触点传播在企业危机公关中的应用研究》,南昌大学硕士学位论文,2009 年。

端、企业的标识、产品的质量、价格、终端渠道、电视或户外广告、销售员的着装、服务员的态度，甚至他们说话的风格与技巧等等，而所有的营销触点都可能实现数字化连接。由此，O2O 触点营销最终可实现线上线下的彼此呼应，线上服务将能引导线下消费（Service to Consumption，S2C），即企业通过互联网在线提供服务的过程中，基于所掌握的需求信息，通过令人满意的服务，引导用户线下消费。例如，当消费者光顾某品牌时装店时，销售人员无需询问，即可根据后台数据快速了解他/她的背景资料、个性特点、产品使用习惯，提供符合消费者尺寸和偏好的试穿衣物，还能根据消费者在社交媒体上的日程信息，结合场合提供相应的穿搭建议。

　　企业需要细致地分析目标用户的行为习惯、生活特征、消费偏好等，找出用户在体验时间、工作时间和离散时间内可能出现的情景和可能到访的场所，寻找出可能的触点，并把可能用到的体验媒介植入其中，筛选确定适合的触点，形成品牌体验所需要的最佳接触点。尤其是，在触点设计中制造一些"喜点"，换言之，令客户喜出望外的体验设置，即客户在感受之前无法描述而感受之后才惊喜地发现这才是他们真正所需要的体验。与此同时，在触点营销中不规避"痛点"，它起初缘于企业有限的资源无法一味地满足消费者的需求，后来逐渐发展为某些品牌的个性，如苹果手机的排队、宜家的 DIY、西南航空的无餐航班。

　　日本电通曾运用触点营销，帮麦当劳与电影《怪物》进行了一次联合促销。从所有可能的接触点筛选出几个关键接触点,除了传统广告投放媒体外,还包括了互联网和手机。同时,从时间、地点、场合、心情四个维度来分析这些关键接触点。如目标对象针对单身青年男女,利用网络这个接触点来传播时,最有效的时间应该是晚上十点到深夜,地点应该是家中或办公室加班,场合应该是独自一人,心情应该是有点饥饿感,还有点寂寞。如果在这个时候看到麦当劳在网络上弹出的欢乐广告,很可能会促使其第二天的午餐购买,甚至是立刻去楼下的门店用餐。而在手机这个接触点上运用的传播方式,则是在午餐或晚餐前,针对年轻白领们发送一些优惠短信,告知其当天的促销活动。通过多种触点上不同传播方式的有效组合,这次活动不仅超额完成了预定的销售任务,而且使麦当劳的网站增加了近十万的有效注册用户。

线上媒体触点的聚合处常在搜索引擎、社交媒体和电商 APP 上,而线下媒体触点则有车身、车厢、地铁以及占据消费者办公场所的分众传媒等。其他线下触点就要依赖有关位置感知的技术,除了二维码,LBS、iBeacon、NFC、RFID 等 O2O 技术是目前较为常见的。LBS 技术有助于根据时间、地点、场合和心情提供个性化的贴心服务,还可以提供签到优惠,用户到达指定地点便获得积分奖励,以及设置基于地理位置的游戏任务。iBeacon 技术的室内定位功能可以进行室内导航,所以通过捕捉用户的位置信息来判断用户和商品或展区的位置关系,从而推送与用户密切相关的信息。它适用于零售店导购,接近零售店的消费者推送商品相关的信息,包括价格、图片、促销、优惠、网友评论等信息;还可用于会议、节日和展览等公关活动,告知用户活动附近的多媒体信息、日程安排和节目信息等。NFC(Near Field Communication)作为一种非接触式近场通信技术,可以做成贴纸,用户用手机靠近 NFC 贴纸就能实现类似扫描二维码的结果,比如获得电子优惠券、跳转到网页,甚至下载文件等等。例如,UNICEF 的募捐活动中,民众捐完款之后,志愿者将在他们身上贴一枚“智能贴纸”,当捐款者见到朋友时可以邀请他们进行捐款,他们只需要用手机靠近贴纸就能进入捐款页面。这无形中扩大了募捐志愿者的范围。RFID(Radio Frequency Identification)无需识别系统与特定目标之间建立机械或光学接触,即可通过无线电讯号识别特定目标并读写相关数据。它可附着于跟踪的物品上,是构建“物联网”的关键技术。普拉达(Prada)在纽约的旗舰店中每件衣服上都有 RFID 码。每当一个顾客拿起一件衣服进试衣间,RFID 会被自动识别。同时,数据会传至普拉达总部。每一件衣服在哪个城市哪个旗舰店什么时间被拿进试衣间停留多长时间,数据都被储存起来加以分析。

　　在所有媒体接触点中,数字媒体和企业自有媒体具有日益重要的作用。咨询公司麦肯锡通过对 9000 多名新车购买者的 24 个消费者触点调查显示,传统媒体会使品牌受限于媒介的影响力,而导致品牌的营销触点呈离散状态,而数字媒体则可以更大程度地连贯起整个品牌的营销触点,使其成呈线性发展,具有可预期性。此外,根据尚恩·比廖内(实力传播中国区战略部总经理)过去十年涵盖 54 个国家的近 800 次调查显示,企业自有媒体接触点(如商店、网站、产品目录、二维码、社交媒体、品牌宣传册、移动应用程序等)对商业成功日益发挥关键作用,其重要程度高于付费购买与免费获得的接触点。

对触点营销的运营,将逐渐地为企业建立起"以用户为中心的移动营销系统",即"用户获取—用户画像—用户转化—用户分享—用户增值"[①]。国内已出现专业公司"时趣"帮助各类企业有效地建立并管理与消费者的触点。它将最终改变以往部分行业把 CRM 仅仅作为一种防御机制的营销做法。考虑到移动互联网蓬勃发展的趋势,Social CRM 将会成为绝大多数企业必须具备的一个以攻击性为主、兼具防御性的营销方式。

---

① 张锐,《最重要的媒体是人》,《哈佛商业评论》,2016 年 4 月 7 日。

跋

最近几年,在中国商业社会中,由于受到电商发展的冲击,传统企业面临前所未有的挑战,譬如原材料成本、人力成本和店面租金等不断攀升,以致营销维艰,产能过剩。在这种境遇下,O2O为穷途中的传统企业提供了转型和绝地反击的途径。O2O开启了一个新的时代,它是传统零售与电子商务从对峙到双赢的分水岭,它实现了实体经济与互联网的对接与交融。作为一种商业模式,O2O能帮助传统企业和电商顺利转型到移动互联网时代。作为一种营销方法论,O2O不仅能分享线上流量,还能提高客户体验;不仅可增值产品,还能优化运营。

台式电脑、智能手机到可穿戴设备,互联网、移动互联网到物联网,这一切从工作场所蔓延到公共疆域乃至私人生活,勃勃生机,方兴未艾。科技创新带来时代演进,逼迫管理理论更新,4P等经典营销理论经受着拷问,营销理论经历了4C、4R、4I和4U的演绎。与其他营销理论尝试颠覆经典营销理论的做法不同，我认为 4P 营销理论仍然具有生命力，4P 要素仍然是市场营销的本质，它为市场营销的策划和整合提供了一个基本的分析框架。基于此，本书提出适合移动互联网时期的营销理论：4P＋D&C，以移动互联网的核心内容——数据化（Digitalization）与连接性（Connectivity）赋予 4P 新的内涵。本书正是在这个核心理论的支撑下，剥笋锤钉，分章对产品、价格、渠道与推广在数据化和连接性方面出现的新现象、新做法做出阐释、归纳和应用性探索，以期用较新的内涵来丰富传统的营销理论。

　　本书的主要研究方法是案例分析法。我通过摸爬海量案例，归纳和提炼出 O2O 营销规则与技巧，书中所呈现的是经过筛选和分析的商业案例，既有海外企业，也有境内公司；既有行业巨头，也有小微、创业型企业；既有公开渠道的二手材料，也有通过自有渠道采集的第一手资料；既有成功的经验，亦有失败的教训。

　　本书在撰写过程中，得益于上海市现代管理研究中心营造的和谐的创作环境，受惠于陈加英主任的悉心指导和全力支持，在此谨致真挚谢忱！特别致谢中欧国际工商学院李铭俊院长，拨冗慷慨作序！作为一名专事企业管理的研究者，我所能凭藉的只能是对各行业企业的有限接触以及其他同行的真知灼见，本书中所发表的浅见若有不当，恳请有识之士雅正。

Abstract

Changes to science and technology, more-so innovation more generally, requires marketing theory is updated regularly. This is particularly important when translating theories developed in one cultural context e. g. , the west, to different cultural contexts, e. g. , China. One such theory which is impacted by changed circumstances is 4P classic marketing theory; i. e. , (1) Product, (2) Price, (3) Place and (4) Promotion. 4P is different from marketing theories such as 4C, 4R, 4I and 4U; which have attempted to replace 4P marketing theory. This book challenges this Approach, believing that the 4P marketing mix remains the essence of marketing; as 4P provides an essential framework for the analysis of marketing planning and integration and can be adapted to work effectively in China, if it is properly revised.

In reviewing various marketing theories and practices, the main research method employed in this book is case analysis. By reviewing a large number of cases, the book concludes and provides abstracts of marketing rules and techniques related to "O2O" marketing — namely Online to Offline—and in particular, to the Application of O2O in China. Further, the business cases presented have been screened and analyzed, based on organizations, (1) at home and abroad, (2) from industry giants to small, micro-organizations and start-ups, (3) from second-hand materials at open channels, to first-hand information collected through the author's own channels, and (4) from successful organizational experiences, to lessons learnt from failures.

This book though proposes a revised marketing theory for the mobile Internet era especially in China; and is summarized as — 4P+D&C, thus giving 4P contemporary meaning, regarding the core content of mobile Internet, i. e. , Digitalization & Connectivity. 4P+D&C is defined as the elements which 4P should have regarding Digitalization & Connectivity, especially in the Chinese context. Hence, human centered data connection, which involves (*i*) people with people, (*ii*) people with things, and (*iii*) things with things, are reviewed. Also, the deeper the degree of involvement, the more smoothly traditional enterprises should transform into new businesses. This proposed concept, not only potentially helps to understand the ongoing variety of changes to products and enterprises, but also indicates how each element of 4P relates to Digitalization &. Connectivity, and thus assists transformation in China.

A new concept O2O born in the mobile Internet era, opens new opportunities in China; more-so a potential watershed, which potentially takes marketing practice from win/lose, even lose/lose situations, to secure win-win outcomes, especially between traditional retail and e-commerce. Such a focus marries well with traditional Chinese philosophy such as Taoism and Confucianism, and certainly supports the expressed desires of the PRC in seeking an Appropriate balance between the needs and desires of the PRC and the PRC's cross-cultural business partners.

Such situations have the potential to realize the docking and blending of the real economy, with the Internet. As a marketing methodology however, O2O not only shares online traffic, but significantly, potentially improves the customer experience; not simply for value-adding to products, but to optimize operations, and thus provides and supports benefit for both the organization and the consumer, and most especially the PRC. The book is divided into five (5) parts as follows.

Part 1 explains O2O from the perspective of marketing, and marketing's effect on traditional enterprises, putting forward the conception of 4P+D&C. The proposed conception supports O2O addressing potential problems linked to a so-called "lazy economy".

O2O + Internet of Things (IoT) leads to a number of potentially positive outcomes such as; (i) speed-in-place marketing and (ii) wearable devices upgrades for mobile marketing, and supports an on-demand economy, giving rise to on-demand marketing. However, O2O marketing is not the sole privilege of large organizations, and it can support "small and beautiful" operations and outcomes. Also, community O2O focuses on local marketing, which needs intensive and meticulous cultivation in "the last mile". Digital marketing though will change the channels and speed in brand building.

Part 2 details how O2O products transform, and how enterprises evolve. For example, in the future, it is likely that products will have new and different features, namely, (i) digitalization and (ii) connectivity, and will have consumers involved in the production by the way of crowdsourcing. Such circumstances may be represented by (i) cloud market, (ii) cloud logistics, and (iii) cloud customization. Part 2 also analyzes various product strategies such as, (i) Mass of Single Product, (ii) Trace of Multi Product, (iii) experience marketing of ingenious arrangements on pain points and joy points, and (iv) scenario — centered product strategy. Finally, part 2 points out that O2O quality control practices will potentially polarize products.

Part 3 analyzes O2O pricing, including how vertical electronic commerce and transforming enterprises deal with potential price wars. Also, how free access and subsidies become the pass card to the Internet economy, and how crowdfunding becomes a marketing strategy to accurately test pricing. Explanations are provided of digital currency as a marketing tool with functions of payment and credit. Also, how change in payment methods may contribute to speed-in-place marketing with the ultimate Internet of Things (IoT). Also, O2O reverse pricing generates online bargaining and reverse bidding; and analyzes the dynamic pricing as a kind of instant marketing on the edge, addressing whether online and offline should be the same price.

Part 4 describes O2O Omni-Channel marketing, including (i) fragmentation marketing, bringing demassification to gathering crowds; (ii) builds ecological marketing. Part 4 also explains how short channel (i) spawns flat marketing; and (ii) gives birth to Factory to Customer (F2C) with disintermediation movement, (iii) membership system makes the consumer a member with one-time consumption, lifetime product discounts, and participate in the allocation of profits in the process of product distribution.

There is a growing emergence of Chinese micro business which desire to flourish; and which results from decentralized marketing. In such circumstances, strong relationship marketing allows supporters to become channels. One of the results of transformation of the terminal channel is to become a "moving store", which provides experience marketing. Whereas, the intermediate channel could be developed to provide support for distribution, distributed production and financing. The "entrance" is the platform, products or tools that gets huge user clusters, which was previously referred to as online Internet entrance is also now considering O2O practices, which includes offline contact points, and which is pursued as the key to agile marketing that will bring marketing automation.

Part 5 observes O2O promotion. Precision marketing is interpreted as mobile programmatic marketing, and combines the scenario of consumption, with the development of programmatic advertising purchase in China. The term "fan marketing" is explained as creating a sense of participation and self-organization, which involves the critical input of opinion leaders. Further, the new trend of crisis public relations is to make rapid response, and to leverage community involvement. In the mobile Internet era, "Micro + " marketing operates in a number of different ways such as, (i) a micro shop, (ii) a micro site, (iii) a micro film, (iv) micro information, (v) micro graphics, (vi) micro hospital, and (vii) micro community, etc.

Also, User-Generated Content (UGC) is the key for social media marketing, which can start from Minimum Viable Product (MVP). Content marketing is the nature of the inbound marketing which uses search engines and social media to attract customers, which will gradually transfer the marketing budget of businesses from traditional outbound marketing by television, magazine advertising, etc. Critically, mobile marketing should pay attention to native advertising that addresses the vision of consumers in ways which reflect their normal usage habits, and provides a type of interference free advertising experience.

In China, aggressive ground promotion has developed from sweeping the city streets to painting the countryside walls. Contact point marketing will provide the Service to Consumption (S2C), with insight into the scenario of consumption and the mood of consumers. Two-dimension code was originally used as identity authentication, but will be developed as marketing tool of "what you see is what you get". In the future, the technology of augmented reality and virtual reality will bring next wave of marketing revolution.

图书在版编目(CIP)数据

O2O 新营销/马湘临著.

一上海:上海三联书店,2016.

ISBN 978 - 7 - 5426 - 5603 - 2

Ⅰ.① O… Ⅱ.①马… Ⅲ.①网络营销 Ⅳ.①F713.36

中国版本图书馆 CIP 数据核字(2016)第 120945 号

O2O 新营销

著　　者　马湘临

责任编辑　钱震华
装帧设计　魏　来

出版发行　上海三联书店
　　　　　(201199)中国上海市都市路 4855 号
　　　　　http://www.sjpc1932.com
　　　　　E-mail:shsanlian@yahoo.com.cn
印　　刷　江苏常熟东张印刷有限公司

版　　次　2016 年 7 月第 1 版
印　　次　2016 年 7 月第 1 次印刷
开　　本　640×960　1/16
字　　数　200 千字
印　　张　16.75
书　　号　ISBN 978 - 7 - 5426 - 5603 - 2/F · 745
定　　价　48.00 元